プリント形式のリアル過去問で本番の臨場感！

熊本県

熊本県立中学校
(玉名高校附属・宇土・八代)

2025年春受験用

解答集

本書は，実物をなるべくそのままに，プリント形式で年度ごとに収録しています。
問題用紙を教科別に分けて使うことができるので，本番さながらの演習ができます。

■ 収録内容

・解答集(この冊子です)

書籍ＩＤ番号，この問題集の使い方，最新年度実物データ，リアル過去問の活用，解答例と解説，ご使用にあたってのお願い・ご注意，お問い合わせ

・2024(令和６)年度 ～ 2020(令和２)年度　学力検査問題

○は収録あり	年度	'24	'23	'22	'21	'20	
■ 問題(適性検査Ⅰ・Ⅱ)※		○	○	○	○	○	
■ 解答用紙		○	○	○	○	○	
■ 配点		○	○	○	○	○	

全分野に解説
があります

※2024年度より適性検査Ⅰで英語のリスニングを実施(リスニングの原稿は収録していますが,音声は収録していません)
注)問題文非掲載:2022年度適性検査Ⅰの1

問題文の非掲載につきまして

著作権上の都合により，本書に収録している過去入試問題の本文の一部を掲載しておりません。ご不便をおかけし，誠に申し訳ございません。

教英出版

■　書籍ＩＤ番号

入試に役立つダウンロード付録や学校情報などを随時更新して掲載しています。
教英出版ウェブサイトの「ご購入者様のページ」画面で，書籍ＩＤ番号を入力してご利用ください。

書籍ＩＤ番号　101244

（有効期限：2025年9月30日まで）

【入試に役立つダウンロード付録】
「要点のまとめ(国語／算数)」
「課題作文演習」ほか

■　この問題集の使い方

年度ごとにプリント形式で収録しています。針を外して教科ごとに分けて使用します。①片側，②中央のどちらかでとじてありますので，下図を参考に，問題用紙と解答用紙に分けて準備をしましょう（解答用紙がない場合もあります)。

針を外すときは，けがをしないように十分注意してください。また，針を外すと紛失しやすくなりますので気をつけましょう。

① 片側でとじてあるもの　　② 中央でとじてあるもの

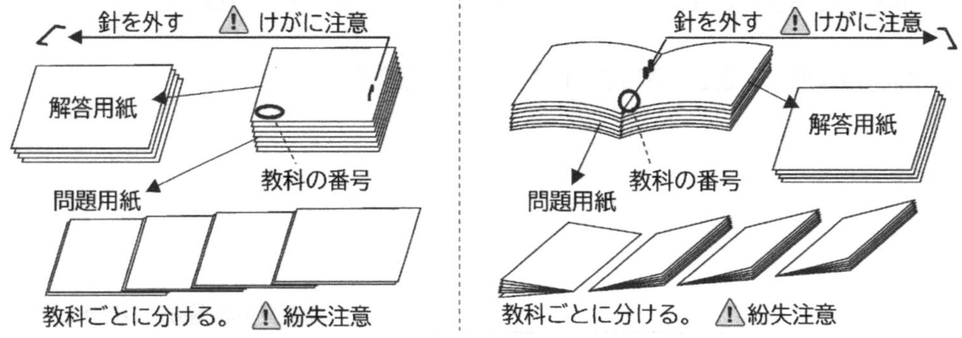

※教科数が上図と異なる場合があります。
解答用紙がない場合や，問題と一体になっている場合があります。
教科の番号は，教科ごとに分けるときの参考にしてください。

■　最新年度 実物データ

実物をなるべくそのままに編集していますが，収録の都合上，実際の試験問題とは異なる場合があります。実物のサイズ，様式は右表で確認してください。

問題用紙	Ａ４冊子(二つ折り)
解答用紙	Ａ３片面プリント

リアル過去問の活用

～リアル過去問なら入試本番で力を発揮することができる～

本番を体験しよう！

問題用紙の形式（縦向き / 横向き），問題の配置や余白など，実物に近い紙面構成なので本番の臨場感が味わえます。まずはパラパラとめくって眺めてみてください。「これが志望校の入試問題なんだ！」と思えば入試に向けて気持ちが高まることでしょう。

入試を知ろう！

同じ教科の過去数年分の問題紙面を並べて，見比べてみましょう。

① 問題の量

毎年同じ大問数か，年によって違うのか，また全体の問題量はどのくらいか知っておきましょう。どのくらいのスピードで解けば時間内に終わるのか，大問ひとつにかけられる時間を計算してみましょう。

② 出題分野

よく出題されている分野とそうでない分野を見つけましょう。同じような問題が過去にも出題されていることに気がつくはずです。

③ 出題順序

得意な分野が毎年同じ大問番号で出題されていると分かれば，本番で取りこぼさないように先回りして解答することができるでしょう。

④ 解答方法

記述式か選択式か（マークシートか），見ておきましょう。記述式なら，単位まで書く必要があるかどうか，文字数はどのくらいかなど，細かいところまでチェックしておきましょう。計算過程を書く必要があるかどうかも重要です。

⑤ 問題の難易度

必ず正解したい基本問題，条件や指示の読み間違いといったケアレスミスに気をつけたい問題，後回しにしたほうがいい問題などをチェックしておきましょう。

問題を解こう！

志望校の入試傾向をつかんだら，問題を何度も解いていきましょう。ほかにも問題文の独特な言いまわしや，その学校独自の答え方を発見できることもあるでしょう。オリンピックや環境問題など，話題になった出来事を毎年出題する学校だと分かれば，日頃のニュースの見かたも変わってきます。

こうして志望校の入試傾向を知り対策を立てることこそが，過去問を解く最大の理由なのです。

実力を知ろう！

過去問を解くにあたって，得点はそれほど重要ではありません。大切なのは，志望校の過去問演習を通して，苦手な教科，苦手な分野を知ることです。苦手な教科，分野が分かったら，教科書や参考書に戻って重点的に学習する時間をつくりましょう。今の自分の実力を知れば，入試本番までの勉強の道すじが見えてきます。

試験に慣れよう！

入試では時間配分も重要です。本番で時間が足りなくなってあわてないように，リアル過去問で実戦演習をして，時間配分や出題パターンに慣れておきましょう。教科ごとに気持ちを切り替える練習もしておきましょう。

心を整えよう！

入試は誰でも緊張するものです。入試前日になったら，演習をやり尽くしたリアル過去問の表紙を眺めてみましょう。問題の内容を見る必要はもうありません。どんな形式だったかな？受験番号や氏名はどこに書くのかな？…ほんの少し見ておくだけでも，志望校の入試に向けて心の準備が整うことでしょう。

そして入試本番では，見慣れた問題紙面が緊張した心を落ち着かせてくれるはずです。

※まれに入試形式を変更する学校もありますが，条件はほかの受験生も同じです。心を整えてあせらずに問題に取りかかりましょう。

《解答例》

1　問題1．ウ　問題2．ウ→ア→エ　問題3．4　選んだ理由(日本語で)…ジョン先生は，祭りで，たこ焼きを食べたい，音楽を楽しみたい，花火を見たいと言っているから。

2　問題1．A．野菜　B．備　問題2．双葉を閉じている／双葉の部分を垂らした　問題3．胚乳がなく、種子の中につまった双葉をエネルギータンクとしている。また、それを体内に内蔵して、そのエネルギーを使って成長している。　問題4．二年ほど前、母は、室内で育てていたはち植えの一つをしばらく屋外に出していた。母は、明るい場所で育てることで幹が太くなるのだと言っていた。そのはち植えは、背たけはどんどん伸びるのに、幹は細いままだった。この文章には、モヤシは光を求めて茎を長く伸ばすと書かれている。あのはち植えも、モヤシと同じように、光を求めて背たけをどんどん伸ばしていたのかもしれない。

3　問題1．(1)5　(2)熊本県からの4月の出荷量が多い市場…東京　理由…熊本県からの4月の出荷量は，東京が約2000トン，大阪が約1000トンだから。　(3)県名…鳥取県／山形県　出荷の特ちょう…それらの県から近い市場により多く出荷している。　理由…輸送費が安いから。／より新鮮なすいかを届けることができるから。などから1つ
問題2．(1)種まき・苗づくりと田植えには多くの労働時間が必要だが，種もみのじかまきを行うことで，これらのことが一度に行え，さらに種もみのじかまきの労働時間が短い。このことから，種もみのじかまきを行うことで，労働時間の短縮ができることが良い点である。　(2)①イ　②オ　③イ　④カ　⑤イ　⑥ク〔別解〕①ウ　②カ　③ア　④オ　⑤ア　⑥ク

《解　説》

1　**問題1**　放送文の訳《やく》「こんにちは，私はジョンです。J-O-H-Nと書いてジョンです。アメリカ出身です。音楽が好きです。ピアノをひきます。ギターはひきません。はじめまして」より，ウが適当。

問題2　放送文の訳「ウ私たちの町には美しい湖と山があります。ア夏にはつりを楽しんでいます。それは楽しいです。エ冬にはキャンプを楽しんでいます。それはわくわくします」より，ウ→ア→エの順である。

問題3　放送文の訳　ミキ「見てください。私たちの町にはたくさんの祭りがあります」→ジョン「すばらしい。友達と祭りに行きたいな」→ミキ「何をしたいですか？」→ジョン「4班祭りでたこ焼きが食べたいな。好きな食べ物はたこ焼きなんだ」→ミキ「本当ですか？祭りではたこ焼きが食べられます」→ジョン「それと，4班音楽を楽しみたいよ。花火も見たいな」→ミキ「私もです」より，たこ焼き，音楽，花火の4班が適当。

2　**問題2**　文章中に「双葉《ふたば》を閉じて守りながら」とある。また，「土の中の成長の姿である」モヤシは，「まっすぐに伸《の》びると，大切な双葉が土や石で傷ついてしまう」ため，「湾曲《わんきょく》させた茎《くき》で土を押《お》し上げるように成長していく」とある。そのため，モヤシは「双葉の部分を垂らした形をしている」のである。

問題3　文章中に「マメ科の種子の中には胚乳がなく，双葉がぎっしりと詰《つ》まっている～双葉の中に，発芽のための栄養分をためている」「マメ科の種子は，エネルギータンクを体内に内蔵《ないぞう》することで，限られた種子のスペースを有効に活用して，体を大きくしているのである」とある。

3　**問題1(1)**　5月　　5月に東京の市場に出荷されたすいかは約6000トンで，その66%が熊本県産だから，熊本県産の出荷量は6000×0.66＝3960(トン)になる。5月に大阪の市場に出荷されたすいかは約3100トンで，その58%が熊本県産だから，熊本県産の出荷量は3100×0.58＝1798(トン)になる。

(2)　東京　　4月に熊本県から出荷されたすいかの割合は，東京の市場が全体の 82%，大阪の市場が全体の 85% とほとんど変わらないので，東京と大阪の市場それぞれの，4月に出荷されたぜんぶのすいかの量が多い方に，より多くのすいかを出荷したことになる。東京の市場には，2500×0.82＝2050（トン），大阪の市場には，1000×0.85＝850（トン）のすいかが出荷されている。

(3)　7月の東京の市場の上位5県は，山形県・新潟県・千葉県・神奈川県・鳥取県である。7月の大阪の市場の上位5県は，石川県・鳥取県・長野県・山形県・長崎県である。東北地方の山形県は東京の市場に多くのすいかを出荷し，中国地方の鳥取県は大阪の市場に多くのすいかを出荷していることから，地理的に近い市場に，より多くのすいかを出荷していることが読み取れる。すいかは，基本的にトラックで市場まで届けられるので，出荷地からの距離が少ない方が，輸送時間や燃料消費量が少なくすむ。

問題2(1)　資料5を見ると，種もみのじかまきをすると，種まき・苗づくり，田植えの作業がなくなる。資料4を見ると，種もみのじかまきにかかる時間は0.01時間，種まきの準備，種まき・苗づくり，田植えにかかる時間の和は，0.23＋2.56＋2.74＝5.53（時間）になるので，作業時間の差は5時間以上になる。

(2)　田の形は右図のような，縦の長さが 100－40＝60（m），横の長さが 60－20＝40（m）の長方形である。自動草かり機が図のAから長方形の周りを1周すると考える。

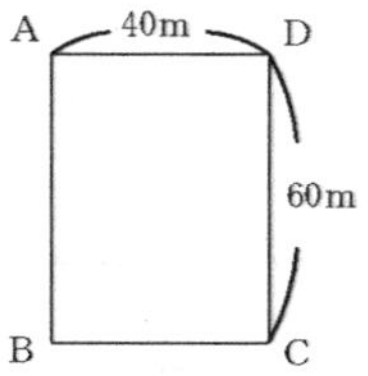

時計周りで移動する場合は，①右に 90° 回転した後，AD上を②40m前に進み，Dでさらに③右に 90° 回転した後，DC上を④60m前に進む。これにより，下向きでCに着くので，もう一度⑤右に 90° 回転する。②～④をもう⑥1回くり返せばAにもどる。

反時計回りで移動する場合は，①180° 回転して下向きになった後，②60m前に進み，③左に 90° 回転し，④40m前に進めば右向きでCに着くので，もう一度⑤左に 90° 回転する。②～④をもう⑥1回くり返せばAにもどる。

熊本県立中学校　2024 令和6年度　適性検査問題Ⅱ

《解答例》

1　問題1．⑴①×　②△　③○　④×　⑵右図

問題2．⑴25 ※⑵10　問題3．⑴15　⑵2160 ※⑶9

表1　アンケート調査の結果　(人)

		読書が好きか		合　計
		はい	いいえ	
10月に図書室で5冊以上本を借りたか	はい	35	6	41
	いいえ	49	5	54
合　計		84	11	95

2　問題1．⑴リンドウは，９月から11月の間に花がさく

⑵イ，カ　⑶記号…B，E　理由…太陽は東からのぼり，南を通って西にしずむため，建物の南側にある場所は日当たりが良いから。　問題2．⑴(ア)ピンセット

(イ)水で洗う　⑵青／赤　⑶①イ　②ア　③イ　⑷あわが出ている。　⑸Ⓒにおいで区別する。においがするものがうすいアンモニア水である。／二酸化炭素を入れて区別する。二酸化炭素を入れて白くにごるものが石灰水である。／熱して区別する。熱して白い固体が残ったものが石灰水である。などから1つ　Ⓓ熱して区別する。熱してつぶが出てきたものがミョウバンの水よう液である。／においで区別する。においがするものがうすい塩酸である。／鉄やアルミニウムなどを入れて区別する。鉄やアルミニウムなどを入れてあわが出てきたものがうすい塩酸である。／温度を下げて区別する。温度を下げてつぶが出てきたものがミョウバンの水よう液である。などから1つ

※の求め方は解説を参照してください。

《解　説》

1　**問題1⑴**　①小学生で５冊以上読んでいる人は全体の66.2%で50%より多いので，正しくない。

②中学生で２～４冊読んでいる人は全体の48.9%であるが，具体的に２冊読んだ人の割合を求めることはできない。よって，正しいとも正しくないともいえない。

③１か月に本を１冊も読まない人数は，小学生が$1566\times\frac{2.3}{100}=36.018$(人)より，約36人，中学生が$922\times\frac{7.7}{100}=70.994$(人)より，約71人である。よって，中学生の方が多いので，正しい。

④１か月に本を２～４冊読んでいる人数は，小学生が$1566\times\frac{24.1}{100}=377.406$(人)より，約377人だから，その２倍は約754人である。また，中学生が$922\times\frac{48.9}{100}=450.858$(人)より約451人だから，明らかに２倍とはいえないので，正しくない。

⑵　【アンケート調査の結果】と二人の会話から，右表の値《あたい》を読み取ることができる。よって，㋐＝41－６＝35，㋑＝84－35＝49，㋒＝11－６＝５となる。

		読書が好きか		合　計
		はい	いいえ	
10月に図書室で5冊以上本を借りたか	はい	㋐	6	41
	いいえ	㋑	㋒	54
合　計		84	11	95

問題2⑴　うがいのときに水を流したままにしている人は，全校児童の$\frac{95}{380}\times100=25$(%)である。

⑵　10月の水使用量は９月より５%減ったから，$250\times\frac{100-5}{100}=237.5$(㎥)，11月の水使用量は９月より14.5%減ったから，$250\times\frac{100-14.5}{100}=213.75$(㎥)である。10月と11月の水使用量の差は237.5－213.75＝23.75(㎥)なので，11月の水使用量は10月より，$\frac{23.75}{237.5}\times100=10$(%)減った。

問題3⑴　図２と図３において，水そうに入っている水の体積と石の体積の和は変わらないことを利用する。

図２において，水と石の体積の和は，底面の直角をつくる２辺の長さがそれぞれ45㎝，30㎝で，高さが24㎝の三角柱の体積に等しく，45×30÷２×24＝45×15×24(㎤)である。水そうの底面積は45×24(㎠)だから，図３の水面の高さは，(45×15×24)÷(45×24)＝15(㎝)である。

⑵　底面積が等しいとき，体積は高さに比例することを利用する。石を取り出すと，水面の高さが15－13＝２(㎝)

下がったので，石の体積は(45×24×15)×$\frac{2}{15}$＝2160(㎤)である。

(3)　(2)より，図１で水そうに入っているの水の量は45×24×26－2160＝28080－2160＝25920(㎤)である。よって，図５で水そうに入っている水の量は25920÷２＝12960(㎤)である。図５の水は三角柱の形になっているから，ＢＥ×30÷２×24＝12960より，ＢＥ＝12960÷30×２÷24＝36(㎝)となる。したがって，ＡＥ＝ＡＢ－ＢＥ＝45－36＝９(㎝)

2　**問題１(2)**　卒業式にかざる花なので，花がさく時期に３月がふくまれる花を選ぶ。３月に花がさくのは，イ，エ，カであり，これらはすべて９月に種をまくことができるが，エは草たけが 30 ㎝より大きくなるのでプランターで育てることができない。よって，イとカが正答となる。

問題２(2)　酸性の水よう液では，青色リトマス紙が赤色に変わり，アルカリ性の水よう液では，赤色リトマス紙が青色に変わる。中性の水よう液では，どちらのリトマス紙も色は変わらない。　**(3)**　ふつう，固体は，水の温度が高く，水の量が多いほど，多くとける。　**(4)**　炭酸水は，二酸化炭素(気体)が水にとけた水よう液である。

《解答例》

1　問題1．A．豊富　B．導入　問題2．エ　問題3．知識を使用することもなく、対象にしている知識が人為的に限られている　問題4．⑴わからないとも思ったことのない　⑵輸送用機械出荷額の上位五県のうち、なぜ群馬県だけが海に面していないのか　問5．(例文)私は、周辺知識がないと知ってるつもりになりがちで、逆にある場合には、知らない領域が存在することに気づきやすいという筆者の考えが印象深かった。たとえば、各地の祭りについて知ると、まだ、祭りの由来や、その地域の歴史を知らないことに気づく。知れば知るほど知らないことが増えるというのはそういうことだと思う。私は、これから、知らない領域に気づかないということがないように、はば広い知識を身につけたいと思う。

2　問題1．⑴熊本県全体の人口は減っている。0～14 歳の人口は減っている。15～64 歳の人口は減っている。65 歳以上の人口は増えている。　⑵働く人が少なくなる。／税収が減り，公的サービスにえいきょうがでる。　などから1つ　⑶①ウ　②ア　③エ　④イ　問題2．⑴ウ　⑵エネルギーの国内供給量は，石油や石炭，天然ガスが多くをしめるが，これらの資源は限りがあり，これらを利用すると地球温暖化につながる二酸化炭素が出ること。
⑶あなたができる取り組み…(例文)使わない電気は小まめに消す。／暖房の設定温度を低くする。／お湯を出しっぱなしにしない。　会社や工場ができる取り組み…(例文)環境に配りょした自動車の開発を進める。

《解　説》

1　**問題2**　主語とは，何は，何がなどにあたる部分である。ここで「存在する」と言っているのは「領域」なので，エが適する。

問題3　この文章でふれている「昆虫の定義的『知識』」や「47 都道府県名と県庁所在地」の例は，直前の一文にあるように「孤立した知識を実際に使用することもなく，孤立したままに保持している」というものである。またこれらの知識は，学校で行うテストのように，対象にしている知識が決まっている，つまり「人為的に限られ」ている。

問題4⑴　「　ア　」に入るのは，「『わからない』が起きる領域」の外の領域を表す言葉である。本文中に，「知らない」とか「わからない」といった事態は，所有している『知ってる』知識のすぐそばで起きるのです～その外側(＝「知らない」とか「わからない」が起きる場所の外側)には，『考えたことのない，わからないとも思ったことのない』世界が広がっているのです」とある。　**⑵**　資料2から，自動車の出荷に自動車専用船が使われることがわかる。写真のような大きな船は，ふつう海に面した港で自動車を積み込むので，出荷のことを考えれば海に面した都道府県で自動車を生産した方がよいと思われる。資料1と3からは，出荷額上位5県のうち，群馬県だけが海に面していないことがわかる。

2　**問題1⑵**　働く世代である 15 歳～64 歳の人口が減ると，働き手の減少により，産業のおとろえや税収の減少につながる。税金によって提供されている公共のモノやサービスにえいきょうがでたり，それを補うために地方債の発行などが行われたりする。

⑶地方行政によってつくられた予算案は，地方議会による議決を経たのち，実行される。

問題2⑴　ウが正しい。石炭の割合は，1998 年が 9334.0÷56917.9＝0.1639･･･より約 16.4%，2018 年が 12777.7÷50928.0＝0.2508…より約 25.1%であるので割合は高くなっている。　ア．原子力のエネルギー供給量は 2008 年から

2013 年にかけて大きく減っているが，2018 年には増えているので誤り。　イ．2018 年の再生可能エネルギーの割合は 2647.9÷50928.0＝0.051…より５％を超えているので誤り。　エ．石油の供給量は 1998 年が 28882.2 万 kL で，2018 年が 19135.4 万 kL なので，減ってはいるが，半分以下ではないので誤り。

⑵　資料２より，石油・石炭・天然ガスのエネルギー国内供給量が多いこと，資料３より，石油・石炭・天然ガスは採れる量に限りがあること，資料４より，温室効果ガスの排出量の割合は，二酸化炭素が多いことを読み取ろう。

⑶　資料５より，家庭内のさまざまな場面で節電・省エネルギーを意識すれば，二酸化炭素の排出量を減らせることがわかる。使用内容を見て，自分が取り組める方法を書こう。会社や工場での取り組みは，使用時に排出する二酸化炭素の量が少ない製品の開発も考えられるが，家庭内と同様に，会社・工場での節電・省エネルギーの方法を考えても良い。空調の設定温度の見直しや，生産工程を見直して，機械を動かす時間を短くするなどの工夫もできる。

《解答例》

1　問題1．⑴2.2 ※⑵9　　問題2．⑴28 ※⑵(あ)60　(い)120　(う)120　(え)60　⑶(あ)，(い)，(う)，(え)の角の大きさをあわせると 60＋120＋120＋60＝360 より 360 度となるので，１つの点に(あ)，(い)，(う)，(え)の角をすき間なく集めると半径２cmの円になるから。　　問題3．⑴18 ※⑵9

2　問題1．⑴①イ　②ア　⑵砂利　理由…砂利は，三つのうちで最も水がしみこみやすいから。
⑶校庭の土　理由…校庭の土は，水の出てくる量が少なかったから。　　問題2．⑴面A…S　面B…N
⑵［記号／説明］［ウ／同じ極どうしはしりぞけ合い，違う極どうしは引き合う性質を利用したもの。］
［オ／N極は北を指し，S極は南を指す性質を利用したもの。］　⑶式…2.6÷10＝0.26　38.3÷0.26＝147.307…
答え…147　⑷つなげた丸形磁石の数が多くなるほど，磁石の鉄を引きつける力が強くなる。

※の求め方は解説を参照してください。

《解　説》

1　**問題1⑴**　米 150ｇをたくと 330ｇのご飯ができるから，330÷150＝2.2(倍)

⑵　たいたご飯で１個あたりの重さ 90ｇのおにぎりを 220 個作るので，たいたご飯の重さは 90×220＝19800(ｇ)となる。⑴より，たいたご飯の重さは米の 2.2 倍だから，必要な米の重さは 19800÷2.2＝9000(ｇ)より，9000÷1000＝９(kg)

問題2⑴　直線部分１つあたりの長さは２×２＝４(cm)である。これが７つあるので，４×７＝28(cm)となる。

⑵　右図のように直線AC，CG，GD，DFを引く。このとき，三角形ABC，三角形ACG，三角形GDF，三角形FDEはすべて１辺の長さが円の半径２つ分(４cm)の正三角形だから，その内角は 60°である。よって，(あ)と(え)の角の大きさは，360°－(90°×２＋60°×２)＝60°，(い)と(う)の角の大きさは，360°－(90°×２＋60°)＝120°となる。

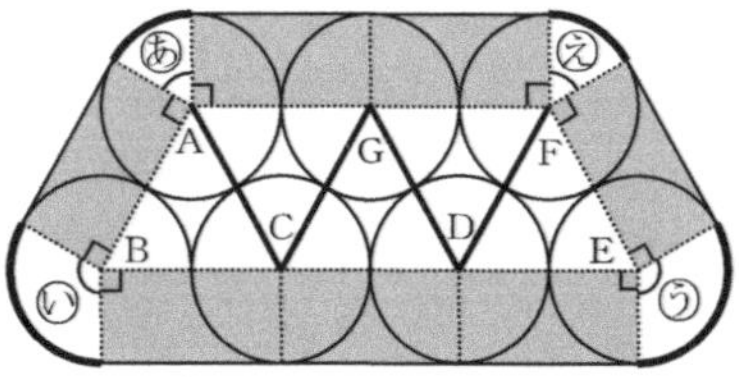

⑶　(あ)，(い)，(う)，(え)の角の大きさがわからなくても，色のついた長方形の向かい合う短い辺どうしをくっつけるように太い曲線部分を動かしていけば，円ができるとイメージできるようになろう。この考え方を使う問題はよく出題される。

問題3⑴　長机２台に対していすを２＋１＝３(きゃく)並べると考える。
長机の縦２台にはいすを３きゃく並べる。長机の横４台には，いすを $3\times\frac{4}{2}=6$ (きゃく)並べる。したがって，長方形の縦１辺と横１辺に並べるいすは合計３＋６＝９(きゃく)だから，全部で９×２＝18(きゃく)となる。

⑵　⑴と同様に考えると，長方形の縦１辺と横１辺に並べるいすが合計 46÷２＝23(きゃく)となればよい。
長机の縦６台にはいすを，$3\times\frac{6}{2}=9$ (きゃく)並べる。したがって，長方形の横１辺にはいすを 23－９＝14(きゃく)並べればよい。横の長机を８台にすると横１辺にいすが $3\times\frac{8}{2}=12$ (きゃく)並ぶから，長机をさらに１台増やすと，いすが 12＋２＝14(きゃく)となる。よって横に並べる長机は８＋１＝９(台)となる。

2　**問題1⑴**　①この実験では，150mL の水を注ぎ入れて，ビーカーにたまった水の量を調べているので，水がふくまれていないかわいた校庭の土を使う。　②切ったペットボトルの一番上の高さまで土を入れると，水を注ぎ入れたときにあふれてしまうので，土は半分の高さまで入れる。　⑵　表２のビーカーにたまった水の量は，校庭の土が 62mL，砂場の砂が 110mL，砂利が 136mL になっている。よって，水たまりができにくいようにするためには，水がしみこみやすい砂利をしくのが一番いい。　(3)　森林の土には水をたくわえるはたらきがある。校庭の土，砂場の砂，砂利の中で，水をたくわえるはたらきが最も大きいのは，ビーカーにたまった水の量が最も少なかった校庭の土である。

問題２(1)　２つの磁石の異なる極を近づけると引き合い，２つの磁石の同じ極どうしを近づけるとしりぞけ合うので，方位磁針のＮ極が引かれているＡはＳ極，方位磁針のＳ極が引かれているＢはＮ極である。　(2)　ウでは，ＡまたはＢに棒磁石を近づけているので，棒磁石を近づけた方の極が同じ極であればしりぞけ合い，異なる極であれば引き合う。また，オでは，磁石を発ぽうスチロールの皿にのせたので，磁石が自由に回転でき，Ｎ極が北，Ｓ極が南を向く。　(3)　クリップ１個の重さは2.6÷10＝0.26(ｇ)だから，38.3ｇはクリップ38.3÷0.26＝147.307…→147 個分の重さである。　(4)　表３より，つなげた丸形磁石の数が多くなるほど，クリップすべての重さの平均も大きくなっており，磁石の鉄を引きつける力が強くなることがわかる。なお，つなげた丸形磁石の数とクリップすべての重さの平均は比例の関係にあるわけではない。

《解答例》

1　問題1．A．**意識**　B．**前提**　　問題2．視点を変えてポジティブに考えるようにする　　問題3．化石が必ず「ある」という設定をして化石が「ない」場所を一つずつ確かめること。　　問題4．ア．川や海などに近い　イ．人が行きたがらないような過酷な環境であることが多い　ウ．発想の転換をすることで面白くすることができる

問5．〈作文のポイント〉

・最初に自分の主張、立場を明確に決め、その内容に沿って書いていく。

・わかりやすい表現を心がける。自信のない表現や漢字は使わない。

さらにくわしい作文の書き方・作文例はこちら！→

https://kyoei-syuppan.net/mobile/files/sakupo.html

2　問題1．⑴ユーラシア大陸　⑵イ　⑶番号…②　理由…水没してしまうと，沖ノ鳥島が領土でなくなるとともに，周りの排他的経済水域がなくなる。このため，この水域での日本の自由な漁業や海底の資源の開発を守ることができなくなるから。　　問題2．⑴ウ　⑵特徴…さつまいもと比べて，いちごを輸出する時は，飛行機が使われる割合が多い。　理由…いちごは，さつまいもと比べて傷みやすいので，飛行機で早く運ぶ必要があるから。

⑶(例文)香港やシンガポールなどに比べ，アメリカやカナダへの輸出額が少ないので，それらの国に対して，輸出されていない熊本県産農産物等のよさなどの宣伝を行う。

《解　説》

1　著作権に関係する弊社《へいしゃ》の都合により本文を非掲載《ひけいさい》としておりますので、解説を省略させていただきます。ご不便をおかけし申し訳ございませんが、ご了承《りょうしょう》ください。

2　**問題1⑴**　六大陸については右図参照。方角は，上が北，右が東，下が南，左が西である。　**⑵**　イ．熊本県の位置については右図参照。緯度0度の赤道を基準に上が北緯，下が南緯，本初子午線(経度0度の経線)を基準に右が東経，左が西経に分かれる。　**⑶**　沖ノ鳥島は日本の最南端に位置するから，②を選ぶ。①は与那国島，③は択捉島，④は南鳥島。排他的経済水域(12海里の領海を除く，沿岸から200海里以内の水域)では，沿岸国が漁業資源・鉱産資源を優先的に開発・管理することができる。

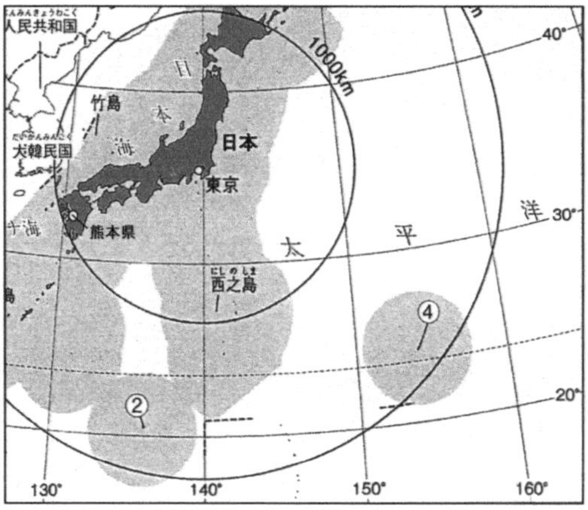

問題2⑴　ウが正しい。2019年度の輸出額が前年度に比べて増加したのは，品目(横)の「前年度と比べた割合」が100%以上のさつまいも・いちご・牛肉・牛乳・加工品・その他である。2018年度の輸出額(千円)は，さつまいもが＝38526÷2.45＝15724.8…，いちごが160797÷3＝53599，牛肉が945692÷1.27＝744639.37，牛乳が72570÷1.53＝47431.3…，加工品が132469÷1.26＝105134.1…，その他が105275÷1.58＝66629.7…になる。　ア．「いちご」ではなく「牛肉」である。

イ.「約三分の一」ではなく「約二分の一」である。　エ．アメリカへの輸出額の合計額は減少している。

(2)　資料４より，いちごの９割程度は航空輸送で輸出されていることが読み取れる。資料５より，いちごは冷凍保存して１週間程度しかもたないことが読み取れる。いちごの実はやわらかく傷みやすいので，時間のかかる海上輸送では品質を維持することが難しい。　(3)　資料３を見て，これから輸出市場を拡大できそうな国や地域を探そう。アメリカやカナダへは，さつまいも・いちご・なし・牛乳などを輸出していないので，今後の輸出額の増大を期待できる。

《解答例》

1　問題1．⑴5　※⑵2，40　　問題2．⑴①エ　②ア　③ウ　※⑵108

問題3．⑴右図　※⑵36

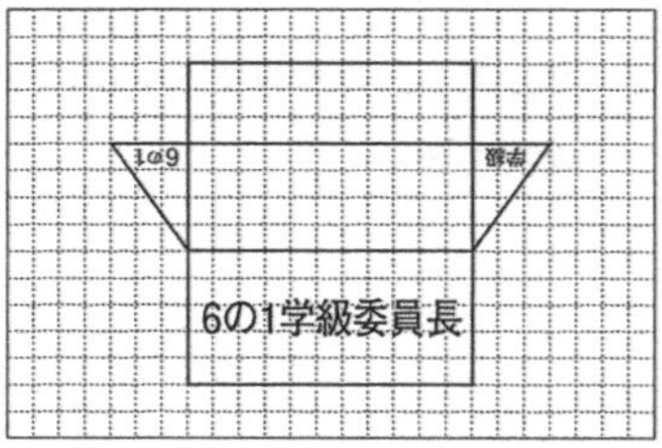

2　問題1．⑴式…0.5×3.14×100＋15×2＝187　答え…187　⑵イ，ウ

理由…変える条件はコイルのまき数で，同じにする条件は，導線の長さだから。　⑶コイルのまき数は200㎝の導線を使って，できるだけ多くまく。／ストローの直径は10㎜にする。／すき間がないようにまく。

問題2．⑴①ア　②イ　③ア　④ア　⑤イ　⑥イ

⑵あ．スイッチBを入れて関節アをのばし，電磁石に電流を流して鉄のクリップを引きつける。　い．スイッチAを入れて関節アを曲げ，スイッチCを入れて関節イを曲げ，電磁石に電流を流したまま，

※の求め方は解説を参照してください。

《解　説》

1　**問題1⑴**　発表開始から発表終了までは，午後3時40分－午後1時30分＝2時間10分＝(2×60＋10)分＝130分

9グループの発表時間の合計は10×9＝90(分)なので，交代時間の合計は，130－90＝40(分)

交代は8回行うので，それぞれの交代時間を40÷8＝5(分)にすればよい。

⑵　⑴をふまえる。9グループの発表時間の合計は90分，交代時間の合計は2×8＝16(分)なので，交流の時間の合計は130－90－16＝24(分)である。

発表は9回あるので，求める時間は，$24÷9=2\frac{2}{3}$(分)，つまり，2分($\frac{2}{3}$×60)秒＝2分40秒

問題2⑴　①学年全体で選んだものの人数がすぐにわかるのは，エの棒グラフである。

②組別で選んだものの人数がすぐにわかるのは，アの棒グラフである。

③組別で選んだものの割合がすぐにわかるのは，ウの帯グラフである。

⑵　学年全体の人数は42＋26＋36＋36＝140(人)なので，全体に対するすいかを選んだ人の割合は，$\frac{42}{140}=0.3$

よって，求める角度は，360°×0.3＝108°

問題3⑴　右図の太線部分を切り取って展開図をつくると，解答例のようになる。

解答例以外にも，展開図はいくつか考えられる。

⑵　図4のようにネームプレートを2個おくと，たて12㎝，横9㎝の長方形ができる。

このような長方形は全部で24÷2＝12(個)できるから，これがすき間なく入る正方形を考えればよい。12と9の最小公倍数は36なので，考えられる最小の正方形の1辺の長さは36㎝である。このとき，長方形はたてに36÷12＝3(個)，横に36÷9＝4(個)並ぶので，全部で3×4＝12(個)並べられる。よって，これが求める長さである。

2　**問題1⑴**　ストローの直径は5㎜→0.5㎝だから，ストローの円周は0.5×3.14(㎝)である。導線を100回まいて，両端《りょうはし》を15㎝ずつ残すから，0.5×3.14×100＋15×2＝187(㎝)の導線が必要になる。また，50回まきのコイル作りに使用した銅線が108.5㎝であることに着目すると，50回まいた部分の長さは108.5－15×2(㎝)であり，100回

まきのときにはこの部分の長さが２倍になるから，(108.5－15×２)×２＋15×２＝187(㎝)と求めることもできる。

(2) コイルのまき数を変えたときの電磁石の力の強さを調べたいから，コイルのまき数が50回と100回のものを用意し，それ以外の条件をすべてそろえる。ここでは導線の長さが同じになることに着目すると，両端に残した部分の長さが同じアとウ，イとエでは，それぞれ50回まきの方が(まき数が少ない分だけ)導線の長さが短くなるので，イとウを比べるとよい。(1)より，導線の両端を15㎝ずつにすると，100回まきのときの導線の長さは，50回まきのときより187－108.5＝78.5(㎝)長いから，50回まきのコイルの一方の端をイのように78.5＋15＝93.5(㎝)にすればよい。　(3) 実験１より，導線の長さが同じであれば，コイルのまき数が多いほど電磁石の力が強くなると考えられる。また，実験２より，ストローの直径は細く，すき間はない方が電磁石の力が強くなると考えられる。以上のことと，ロボット製作上の注意点に気をつけて条件を考えればよい。

問題２(2) ②では，①の状態から関節アがのび，鉄のクリップを引きつけた状態に変化している。③では，②の状態から関節アとイが曲がった状態に変化している。また，④で電磁石の電流を止めて鉄のクリップを落としたので，③では電磁石に電流を流したまま移動したことがわかる。電流を流しているときだけ磁石の力をもつ電磁石は，リサイクル工場などで鉄のかたまりを移動させるクレーンに活用されている。

熊本県立中学校　2021 令和3年度　適性検査問題Ⅰ

《解答例》

1　問題１．A．束　B．ゆだ　　問題２．段差から落ちてしまうと、なかなか這い上がれないこと。／部屋の隅にあるコード類を巻き込んでギブアップすること。／椅子やテーブルなどに囲まれ、抜けだせなくなりそうになること。　　問題３．ウ　　問題４．人と同じような／人と同じで頼りになる／身近で親しみのある／人間に近いなどから１つ　　問題５．お互いを信頼しあい、自分の得意なことを生かしながら、欠点を補いあう関係。

2　問題１．⑴基本的人権の尊重　⑵車いすの人にも利用しやすいように広いスペースが確保されている。／誰にでも使いやすいように手すりがつけてある。などから１つ　⑶ハートフルパス制度があると，障がい者等用駐車場を本当に必要な人が使えるようになり，高齢者などの自立と社会的活動への参加につながるから。

問題２．⑴ウ　⑵「サポカー」のよさ…サポカーがドライバーの安全運転を支援してくれるので，高齢者の運転への不安がやわらぐ。　「サポカー補助金」のよさ…高齢者がサポカーを買うときには補助金を受け取れるので，高齢者がサポカーを買いやすくなる。　⑶取り組み…公共の交通機関を充実させる。　理由…身近に使いやすい公共の交通機関があると，自動車が自由に使えない高齢者も自由に外出しやすくなるから。

3　（例文）

私は、よりよい社会とは、だれもが差別を受けることのない社会だと考える。それを目指す際の課題は、差別はなくすべきだとわかっていても、何も行動できない人が多いことだ。わかっていても行動しなければ、差別しているのと同じだからだ。私は、よりよい社会の実現のために、もっと人権問題について学び、自分の考えを深めたい。そして、相手の立場に立って物事を考え、差別をなくすための行動力を身につけていきたい。

《解　説》

1　**問題２**　直後の段落で「玄関《げんかん》などの段差《だんさ》から落ちてしまうと，そこからはなかなか這《は》い上がれない」「部屋の隅《すみ》にあるコード類を巻《ま》き込《こ》んでギブアップしたり」「椅子《いす》やテーブルなどに囲まれ，その袋小路《ふくろこうじ》から抜《ぬ》けだせなくなりそうになる」と述べていることを，それぞれ「～こと。」という文末になるようにまとめよう。

問題３　直後の一文で「目の前の課題に対して，その連携《れんけい》のあり方を探《さぐ》ろうとする」と述べているように，「どこまで手伝えばいいのか，どのような工夫《くふう》をすれば～完遂《かんすい》してくれるのか」といったことをくり返し試みるという意味なので，ウの「試行錯誤《しこうさくご》」が適する。

問題４　□の直前に「単なる機械ではなく」とあることに着目する。ふつうは人間に対して使う「健気《けなげ》な」「懲《こ》りることがない」といった表現を使っていることから，人間でない「お掃除《そうじ》ロボット」を，人間と同じように見ていることが読み取れる。

問題５　「持ちつ持たれつ」とは，たがいに助けたり助けられたりする様子。本文の「お掃除ロボット」との関係のような，「お互《たが》いの〈強み〉を生かしつつ，同時にお互いの〈弱さ〉を補完《ほかん》しあってもいる」「相手に対する〈敬意《けいい》〉や〈信頼《しんらい》〉～お互いの〈弱い〉ところを開示しあい，そして補《おぎな》いあう。一方で，その〈強み〉を称《たた》えあってもいる」という関係のこと。

2　**問題１⑴**　日本国憲法の三つの原則は「基本的人権の尊重」「国民主権」「平和主義」である。「やさしいまちづくり条例」の目的は「社会的活動への参加を果たせる」ことだから，社会権を含む「基本的人権」と判断する。

⑵　ユニバーサルデザインは，すべての人が使いこなせるようにつくられた製品や施設などのデザインを意味する。

資料２のトイレでは，子どもや車いすの人でも使いやすいように，洗面台が低く設置されていたり，手すりが設置されていたりする。　(3)　ハートフルパス制度によって，足腰の弱った高齢者，けがをしている人，妊婦など，歩いて移動することが難しい人たちが，自動車で移動しやすくなる。

問題２(1)　ウが正しい。65歳以上の年代の交通事故数に変化が少ないのに対して，他の世代は交通事故数が大幅に減ったから，全体にしめる65歳以上の割合は明らかに高くなっている。　ア．交通事故数は，2009年から2010年にかけて，35〜44歳・45〜54歳・65歳以上の年代で減っていない。2012年から2013年にかけて，65歳以上の年代で減っていない。　イ．2009年から2019年までの間で，最も交通事故数が減っているのは25〜34歳の年代である。エ．2019年の65歳以上の交通事故数は，2009年の半数以下になっていない。　(2)　「サポカー」のよさについて，警報や自動ブレーキによって，車の前に人が飛び出してきたときなど，衝突事故を防ぐ機能があることを読み取ろう。「サポカー補助金」のよさについて，65歳以上の高齢者がサポカーを買うとき，最大10万円の補助金を受け取れることを読み取ろう。　(3)　自動車を利用できない人に対して，買い物や通院に利用できる移動手段を考えるとよい。解答例のほか，「買い物支援の無料バスを導入する。」といった取り組みなども考えられる。

《解答例》

[1] 問題1．(1)1，55 ※(2)1，40　※問題2．178　※問題3．ウ　※問題4．ア，ウ〔別解〕ア，イ，オ

[2] 問題1．(1)④　(2)[予想は正しかったか／どれとどれを比べたか]　けんとさん…[○／①と②〔別解〕③と④]　なつみさん…[×／②と④]　はなこさん…[○／④と⑥]　問題2．(1)水よう液A　説明…うるち米用の水よう液は，もち米用の水よう液よりも多くの量の食塩がとけているので，うるち米用の水よう液の方が，とかすことのできる食塩の量が少なくなるから。　(2)メスシリンダーを使って水よう液Aと水よう液Bを同じ体積だけ量り取り，ビーカーに移して，電子てんびんでそれぞれの全体の重さを量って比べる。／メスシリンダーを使って水よう液Aと水よう液Bを同じ体積だけ量り取ってじょう発皿に入れ，金あみをのせた実験用ガスこんろで熱し，水がじょう発した後，出てきた食塩の量を比べる。／電子てんびんを使って，同じ重さの水よう液Aと水よう液Bをメスシリンダーに量り取り，体積を比べる。などから1つ　問題3．(1)記号…ア　説明…グラフ1から，60℃の水 100gに39gの食塩がとけることがわかる。また，先生の言葉から，5℃の水 100gには 37gの食塩がとけることがわかる。だから，2gの食塩が結晶として出てくる。実験では，水 50gなので，冷ぞう庫に入れた容器に出てくる食塩の結晶は1gと考えられる。(下線部は実験方法でもよい)　(2)あ 6　い 2　記号…イ

※の理由や求め方は解説を参照してください。

《解　説》

[1] **問題1(1)**　いすのたてはばは 60 cm＝0.6m，いすといすの間かくは 75 cm＝0.75mであり，いすといすの間かくは 12－1＝11(か所)ある。よって，いすを 12 きゃく並べるのに必要なたての長さは，0.6×12＋0.75×11＝15.45(m)である。シートの一番前から1m空けて先頭のいすをおくから，シートの後方は，18－1－15.45＝1.55(m)，つまり，1m55 cm空く。

(2)　参加者席の片側部分の横の長さは，(15－3)÷2＝6(m)

いす4きゃくの横はばの合計は 0.45×4＝1.8(m)であり，片側部分の横1列について，いすの間かくは3か所あるから，できるだけはばを広くとると，間かくは(6－1.8)÷3＝1.4(m)，つまり，1m40 cmとなる。

問題2　横1列の画びょうの数は，11 個(図Ⅰの太線で囲まれた部分)の列と 10 個(図Ⅰの破線で囲まれた部分)の列がある。11 個の列は，たての段数と等しく8列，10 個の列は，たての段数よりも1多い 8＋1＝9(列)ある。よって，必要になる画びょうは，11×8＋10×9＝178(個)である。

図Ⅰ

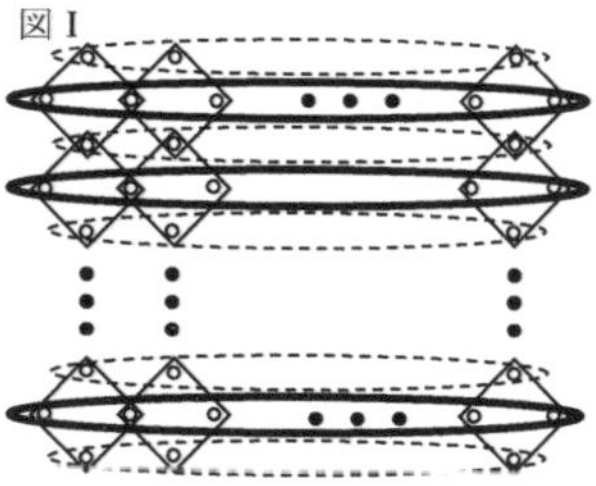

〔別の解き方〕

図Ⅱのように，1枚の紙について，左上の2個だけを数えていくと，たてと横の枚数分の画びょうが残る(図Ⅱの太線で囲まれた部分)。

よって，必要になる画びょうは，2×80＋10＋8＝178(個)である。

図Ⅱ

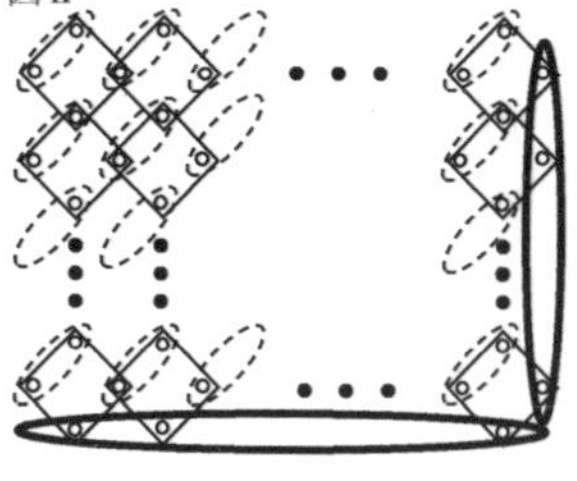

問題3　まず，各グラフについて，2018 年の1人あたりの1日の生活用水の使用量を，$\frac{(\text{A市の1日あたりの生活用水の使用量})}{(\text{A市の人口})}$で求め，目標の 210L までであと 10Lくらい，つまり約 220Lになるグラフを探す。

アは$\frac{16万}{73万}$=0.2191…より約0.219 m^3，イは$\frac{17万}{73万}$=0.2328…より約0.233 m^3，ウはアと同じく約0.219 m^3である。1Lは1辺が10㎝=0.1mの立方体の体積に等しいから，1L=0.1m×0.1m×0.1m=0.001 m^3より，1 m^3=1000Lである。よって，アとウは約219L，イは約233Lとなるので，正しいグラフはアかウとなる。

次に，1人あたりの1日の生活用水の使用量が，2004年→2011年，2011年→2018年でともに減っているものを探す。2011年→2018年で人口は変わらないが，アのグラフではA市の1日あたりの生活用水の使用量が増えているから，アは正しくないとわかる。ウについて，1人あたりの1日の生活用水の使用量は，2004年が$\frac{16万}{67万}$=0.2388…より約0.239 m^3，2011年が$\frac{17万}{73万}$=0.2328…より約0.233 m^3，2018年が約0.219 m^3だから，条件に合う。したがって，正しいグラフはウである。

問題4　1つの点に集まった角の大きさの和が360°となればよい。

正方形の1つの内角の大きさは90°である。多角形の外角の和は360°だから，1つの外角の大きさは，正六角形が360°÷6=60°，正八角形が360°÷8=45°，正十角形が360°÷10=36°，正十二角形が360°÷12=30°である。よって，1つの内角の大きさは，正六角形が180°－60°=120°，正八角形が180°－45°=135°，正十角形が180°－36°=144°，正十二角形が180°－30°=150°である。

したがって，90°，120°，135°，144°，150°から2種類以上の角を合わせて，360°になる組み合わせを探す(同じ角度を複数合わせてもよい)と，90°+135°×2=360°，90°+120°+150°=360°が見つかる。

1つの点に角をすき間なく集めることができる組み合わせは，正方形(ア)と正八角形(ウ)または，正方形(ア)と正六角形(イ)と正十二角形(オ)である。

2　**問題1(1)**　3人が予想する発芽に必要な条件は，けんとさんが水，なつみさんが日光を当てない，はなこさんが20℃くらいの(適当な)温度である。これらの条件をすべて満たしているのは④である。　**(2)**　水の条件だけが異なる①と②を比べると，②だけが発芽した(または③と④を比べると，④だけが発芽した)ことから，水が必要だとわかる。また，光の条件だけが異なる②と④を比べると，両方とも発芽したことから，光は関係ないことがわかり，温度の条件だけが異なる④と⑥を比べると，④だけが発芽したことから，20℃くらいの(適当な)温度が必要だとわかる。

問題2(1)　表1より，うるち米用にとけている食塩の量は，もち米用にとけている食塩の量よりも多いことがわかる。水温と体積が同じとき，とける食塩の量は同じだから，すでに多くの食塩がとけているうるち米用の方が，加えた食塩の量が少ないときに，とけ残りが出る。したがって，水よう液Aがうるち米用である。　**(2)**　実験のやくそくを守って，とけている食塩の重さのちがいを調べる実験方法を考える。水よう液では，とけているものの重さがちがっても体積はほとんど変わらないので，同じ体積での重さ(同じ重さでの体積)から，とけているものの重さのちがいを調べることができる。また，食塩水では，加熱して水を蒸発させると結晶が出てくるので，結晶の量のちがいを調べることができる。

熊本県立中学校　2020 令和2年度　適性検査問題Ⅰ

《解答例》

1　問題1．A．望遠鏡　B．構成　問題2．記号…ウ　理由…前に書かれていることとは反対のことが後に書かれているから。　問題3．①知覚　②実際　③知覚的理解　④事実の一面　問題4．山や平野は長い時間をかけて動いているので、動いていることを実感できないから。　問題5．エ

2　問題1．⑴人物名…小野妹子　目的…大陸の進んだ政治のしくみや文化を取り入れるため。　⑵肥後国から平城京に調として綿が運ばれていたこと。　⑶国分寺や大仏をつくり，仏教の力で国を治めようとした。

問題2．いちはやく世の中のできごとや動きを知りたいときは，インターネットを利用する割合が多いが，信頼できる情報を得たいときは，インターネットを利用する割合が減り，新聞を利用する割合が増える。

問題3．よい点…インターネットに接続していれば，知りたい防災情報を自分で検さくしてすぐに調べることができる。　くふうした方がよい点…若い人たちと比べ，高齢者はインターネットを利用している割合が少ないので，全ての人が防災情報を受け取ることができるよう，インターネットだけでなく，さまざまなメディアを使って情報を伝えるようにする。

3　(例文)熊本地しんの時に、ライオンがにげ出したという情報がＳＮＳで拡散された。これはデマであったが、多くの人が信じたため、問題になった。特に災害時には、みんなが不安な気持ちになっているので、デマが広まりやすい。それを信じた人が思いがけない行動を起こしてパニックになることもある。だから、自分なりに調べたり、複数のメディアを利用したりして、ネットで拡散されている情報をすぐに信用しないように気をつけたい。

《解　説》

1　**問題2**　［　　］の前の「太陽がわれわれのまわりを動くのです」と［　　］の後の「実は回っているのは不動のはずの大地の方でした」は、反対のことがらと言える。よってウの「ところが」(逆接の接続詞)が適する。

問題3　［①］～［④］のそれぞれの前後の言葉と同じか、似ている表現を文章中で探すとぬきだす言葉を見つけやすい。　①・②・③　「このように」で始まる段落に「われわれの知覚する世界と、実際の世界は同じではありません。実際の世界はわれわれの知覚的理解を遥《はる》かに超《こ》えたものです」とある。　④ 最後の段落に「みかけは～事実の一面であって、全部ではありません」とある。

問題4　── 線部の直後に(山や平野は)「長い長い時間で見れば動いています」とある。「長い長い」とくり返して強調するほど長い時間なので、人間には「みかけ」や感覚で実感することができないのだ。

問題5　ア．文章中に「実は回っているのは不動のはずの大地の方でした。地球が太陽のまわりを回っているのです」とあるため、適さない。　イ．文章中に「われわれの知覚する世界と、実際の世界は同じではありません。実際の世界はわれわれの知覚的理解を遥かに超えたものです」とあるため、適さない。　ウ．「地動説は事実ですが、この事実は言ってみれば客観的事実であって、心理的実感とは必ずしも一致《いっち》しないのです」とあるため、適さない。エ．文章中の最後の段落に「みかけを作り出しているからくりを理解しないと、本当にわかったことにはならないのです」とあるため、適する。　オ．文章中に「地球を歩きまわる時代になれば、地球が自転している、という事実に立たないと～作れません～出来ません。ましてや～などという離《はな》れ業《わざ》も出来ません」とあるので、適さない。よってエが正解。

2 **問題１**(1)　小野妹子は，隋の皇帝煬帝《ようだい》にあてた国書をもって派遣された。「日出づる処《ところ》の天子《てんし》，書を日没する処の天子に致す。つつがなきや……」で始まる国書には，隋と対等な国交を目指した聖徳太子の意気ごみが表れている。

(2)　律令制がとられていた頃の税は，主に租・調・庸からなり，地方からもたらされる特産物を役人が木簡に記録していた。　　(3)　聖武天皇の治世のころ，全国的な伝染病の流行やききんが起きて災いが続いたので，聖武天皇と妻の光明皇后は仏教の力で国を守るため，国ごとに国分寺や国分尼寺を，都には総国分寺として東大寺を建て，大仏を造らせた。

問題２　インターネットの割合に着目すると，いちはやく世の中のできごとや動きを知りたいときには 44.3%もの人々が利用しているにもかかわらず，信頼できる情報を得たいときにはその半分以下の 21.7%の人々しか利用していないことがわかる。インターネットでは手軽に情報を発信できるため，間違った情報が含まれていることもある。そのため，インターネットで得られた情報をそのまま受け取らず，正しい情報かどうかを本で調べたり，詳しい人に聞いたりして確かめることが大切である。このような取り組みをメディアリテラシーという。

問題３よい点　インターネットの長所である，世界中のコンピューター同士が繋がっているため，ほしい情報がすぐに手に入るという点を盛りこもう。最近では携帯電話やスマートフォンを使ってインターネットを利用する人の数も増えている。　　**くふうした方がよい点**　資料５より，若い人たちのインターネット利用割合が 90%以上であるのに対して，65 歳以上の高齢者におけるインターネット利用割合が，年齢が上がるにつれて減少し続けていることを読み取ろう。

熊本県立中学校　2020 令和2 年度　適性検査問題Ⅱ

《解答例》

1 問題1．(1)川のようす…イ→ア→ウ　川原で多く見られる石や砂のようす…う→い→あ　(2)実験の目的…Ⓐ，Ⓑ，Ⓒの３か所の川の流れの速さを調べるための実験。　別の方法…板の上に小石や砂を置いて，水の中に入れたときの小石や砂の流れるようすを調べる。　(3)記号…エ　説明…Xの側は，図１から川が曲がったところの内側であり，表１からも川の流れが遅いと考えられるので，しん食するはたらきや運ぱんするはたらきが小さく，たい積するはたらきは大きいため，川底が浅くなっていると考えられる。また，Yの側は，その逆になっているため，川底が深くなっていると考えられるから。　問題２．(1)図４の回路よりしんが明るく光る回路…イ　図４の回路としんの明るさが同じ回路…エ　(2)記号…オ　理由…表２の結果から，半分の長さのしんが光っている時間を比べると，かん電池２個分，３個分，４個分のすべての場合において，しんが太くなるほど光っている時間が長いから。

2 問題１．ゴムの本数を増やす。／ゴムのはばをより広いものにする。／ゴムを引っ張る長さを長くする。

問題２．イ，エ　問題３．記号…イ　理由…ゴムのはばが同じでゴムの本数を２本，３本と増やすと，同じ分だけ走るきょりがのびている。この関係をもとにすると，条件Dは 4.1m，条件Rは 22.6mが一番ふさわしいから。

〔別解〕ゴムの本数と引っ張る長さが同じ場合，ゴムのはばを変えると同じ分だけ走るきょりがのびている。この関係をもとにすると，条件Dは4.1m，条件Rは22.6mが一番ふさわしいから。

3 問題１．(1)式…450×16×0.7＝5040　答え…5040 ※(2)イ

※問題２．オ

問題３．(1)正方形アの面積…８　正方形イの面積…16　(2)右表 ※(3) 4

	半径2cmのとき	半径3cmのとき	半径4cmのとき
円の内側にできる正方形の面積	正方形アの面積	(18)cm²	(32)cm²
円の外側にできる正方形の面積	正方形イの面積	(36)cm²	(64)cm²

※の理由や求め方は解説を参照してください。

《解　説》

1 **問題1(1)**　上流ほど川はばがせまく，下流ほど川はばが広い。また，上流の石ほど大きく角ばっていて，下流の石ほど小さく丸みをおびている。　**(3)**　流れる水には，しん食，運ぱん，たい積の３つのはたらきがある。川の流れが遅《おそ》いところではたい積するはたらきが大きく，川の流れが速いところではしん食・運ぱんするはたらきが大きくなる。表１で，水車の回転数が多いところほど川の流れが速いから，図１では，川の内側ほど流れが遅く，外側ほど流れが速いことがわかる。このため，川の内側には川原が，外側にはがけができやすくなる。

問題2(1)　しんに強い電流が流れるときほど明るく光る。直列につなぐかん電池の数が多いほど，しんに強い電流が流れるから，図４の回路よりしんが明るく光る回路はイである。また，並列つなぎのかん電池は１個のかん電池と同じ強さの電流を流すので，エでは２個のかん電池が直列つなぎになっていることと同じであり，図４の回路としんの明るさが同じになる。　**(2)**　ア～ウ×…どの太さでも，長さが同じであれば，(光らないときをのぞいて)かん電池４個分のときの時間が最も短い。　エ×…0.5 mmのしんに着目すると，かん電池３個分と４個分のときでは，長い方が長く光ることがわかる。

2 **問題１**　このゴムカーが走るきょりは，ゴムの本数，ゴムを引っ張る長さ，ゴムのはばの３つの条件の影響《えいきょう》を受けていると考えられる。ある条件が，ゴムカーが走るきょりにどのような影響をあたえているのかは，その条件以外が全く同じものと比べることで確かめることができる。例えば，ゴムの本数だけが異なる条件AとBの結果から，ゴムの本数を増やすとゴムカーが走るきょりが大きくなることがわかる。同様に考えて，条件BとEの結果から，

ゴムを引っ張る長さを長くするとゴムカーが走るきょりが大きくなり，条件ＡとＪの結果から，ゴムのはばを広くするとゴムカーが走るきょりが大きくなることがわかる。

問題２　ア×…条件Ｇより少し短くなる。　ウ×…条件Ｆと条件Ｉの間で，中間よりは少し条件Ｆに近いきょりになると考えられる。　オ×…条件Ｎより少し長くなる。　カ×…条件Ｏより少し短くなる。

問題３　条件Ａ～Ｃ(または条件Ｊ～Ｌ)ではゴムの本数が１本増えるごとにゴムカーが走るきょりが 1.1ｍずつのびている。同様に，条件Ｄ～Ｆではゴムの本数が１本増えるごとにゴムカーが走るきょりが 2.8ｍずつのびていることがわかるので，条件Ｄは 6.9－2.8＝4.1(ｍ)になり，条件Ｐ～Ｒではゴムの本数が１本増えるごとにゴムカーが走るきょりが 4.5ｍずつのびていることがわかるので，条件Ｒは 18.1＋4.5＝22.6(ｍ)になると考えられる。また，条件ＡとＪ，条件ＢとＫ，条件ＣとＬをそれぞれ比べると，ゴムのはばが３㎜から６㎜になると，ゴムカーが走るきょりがそれぞれ 0.6ｍのびていることがわかる。こののびが，条件ＤとＭでは 3.6ｍ，条件ＩとＲでは 6.6ｍだから，条件Ｄは 7.7－3.6＝4.1(ｍ)，条件Ｒは 16.0＋6.6＝22.6(ｍ)になると考えることもできる。

3　**問題１⑴**　30％びきなので，通常料金の $1-\frac{30}{100}=0.7$(倍)となる。よって，小学生 16 人分の入館料は，450×16×0.7＝5040(円)である。

⑵　アのときにかかる料金は，１人 450－100＝350(円)になるので，350×16＝5600(円)である。イのときにかかる料金は，⑴より 5040 円である。ウのときにかかる料金は，10 人分が 450×10－1500＝3000(円)，残り 16－10＝6(人)分が 350×６＝2100(円)なので，全部で 3000＋2100＝5100(円)である。したがって，一番安くなるのは，イのときである。

問題２　黄色のペンキは，１dL で $\frac{4}{5}\div\frac{2}{3}=\frac{6}{5}$(㎡)ぬることができるので，$\frac{3}{2}$dL で $\frac{6}{5}\times\frac{3}{2}=\frac{9}{5}$(㎡)ぬることができる。よって，問題の図について，横に９マス進んだ，縦線オまでぬることができる。

〔別の解き方〕

黄色のペンキは $\frac{2}{3}$dL で $\frac{4}{5}$㎡ぬることができる。$\frac{3}{2}$dL は $\frac{2}{3}$dL の $\frac{3}{2}\div\frac{2}{3}=\frac{9}{4}$(倍)なので，$\frac{3}{2}$dL で $\frac{4}{5}\times\frac{9}{4}=\frac{9}{5}$(㎡)ぬることができる。

問題３⑴　正方形アは，対角線の長さが円①の直径である２×２＝４(㎝)に等しい。正方形(ひし形)の面積は(対角線の長さ)×(対角線の長さ)÷２で求められるので，正方形アの面積は４×４÷２＝８(㎠)である。
正方形イは，１辺の長さが円①の直径である４㎝に等しいので，面積は４×４＝16(㎠)である。

⑵　⑴の解説をふまえる。円の半径が３㎝のとき，円の直径は３×２＝６(㎝)なので，円の内側にできる正方形の面積は，６×６÷２＝18(㎠)，円の外側にできる正方形の面積は，６×６＝36(㎠)である。
円の半径が４㎝のとき，円の直径は４×２＝８(㎝)なので，円の内側にできる正方形の面積は，８×８÷２＝32(㎠)，円の外側にできる正方形の面積は，８×８＝64(㎠)である。

⑶　⑴と⑵から，円の外側にできる正方形の面積は，円の内側にできる正方形の面積の２倍だとわかる。面積が 10×10＝100(㎠)以下の正方形まで書くことができるので，一番内側の正方形から，各正方形の面積を求める。
一番内側の正方形の面積は８㎠なので，各正方形の面積をまとめると右表のようになる。表から，かくことのできる正方形は，最大４個だとわかる。

内側から何番目の正方形か	1	2	3	4	5
面積(㎠)	8	16	32	64	128

■ ご使用にあたってのお願い・ご注意

（1）問題文等の非掲載

著作権上の都合により，問題文や図表などの一部を掲載できない場合があります。

誠に申し訳ございませんが，ご了承くださいますようお願いいたします。

（2）過去問における時事性

過去問題集は，学習指導要領の改訂や社会状況の変化，新たな発見などにより，現在とは異なる表記や解説になっている場合があります。過去問の特性上，出題当時のままで出版していますので，あらかじめご了承ください。

（3）配点

学校等から配点が公表されている場合は，記載しています。公表されていない場合は，記載していません。

独自の予想配点は，出題者の意図と異なる場合があり，お客様が学習するうえで誤った判断をしてしまう恐れがあるため記載していません。

（4）無断複製等の禁止

購入された個人のお客様が，ご家庭でご自身またはご家族の学習のためにコピーをすることは可能ですが，それ以外の目的でコピー，スキャン，転載（ブログ，ＳＮＳなどでの公開を含みます）などをすることは法律により禁止されています。学校や学習塾などで，児童生徒のためにコピーをして使用することも法律により禁止されています。

ご不明な点や，違法な疑いのある行為を確認された場合は，弊社までご連絡ください。

（5）けがに注意

この問題集は針を外して使用します。針を外すときは，けがをしないように注意してください。また，表紙カバーや問題用紙の端で手指を傷つけないように十分注意してください。

（6）正誤

制作には万全を期しておりますが，万が一誤りなどがございましたら，弊社までご連絡ください。

なお，誤りが判明した場合は，弊社ウェブサイトの「ご購入者様のページ」に掲載しておりますので，そちらもご確認ください。

■ お問い合わせ

解答例，解説，印刷，製本など，問題集発行におけるすべての責任は弊社にあります。

ご不明な点がございましたら，弊社ウェブサイトの「お問い合わせ」フォームよりご連絡ください。迅速に対応いたしますが，営業日の都合で回答に数日を要する場合があります。

ご入力いただいたメールアドレス宛に自動返信メールをお送りしています。自動返信メールが届かない場合は，「よくある質問」の「メールの問い合わせに対し返信がありません。」の項目をご確認ください。

また弊社営業日（平日）は，午前９時から午後５時まで，電話でのお問い合わせも受け付けています。

2025春

教英出版

株式会社教英出版

〒422-8054　静岡県静岡市駿河区南安倍３丁目 12-28

TEL　054-288-2131　　FAX　054-288-2133

URL　https://kyoei-syuppan.net/

MAIL siteform@kyoei-syuppan.net

教英出版の親子で取りくむシリーズ

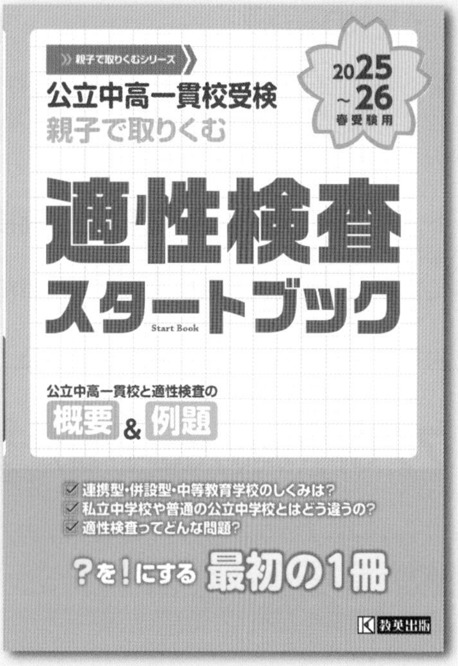

公立中高一貫校とは？適性検査とは？
受検を考えはじめた親子のための
最初の１冊！

「概要編」では公立中高一貫校の仕組みや適性検査の特徴をわかりやすく説明し，「例題編」では実際の適性検査の中から，よく出題されるパターンの問題を厳選して紹介しています。実際の問題紙面も掲載しているので受検を身近に感じることができます。

- 公立中高一貫校を知ろう！
- 適性検査を知ろう！
- 教科的な問題〈適性検査ってこんな感じ〉
- 実技的な問題〈さらにはこんな問題も！〉
- おさえておきたいキーワード

定価：1,078円（本体980+税）

適性検査の作文問題にも対応！
「書けない」を「書けた！」に
導く合格レッスン

「実力養成レッスン」では，作文の技術や素材の見つけ方，書き方や教え方を対話形式でわかりやすく解説。実際の入試作文をもとに，とり外して使える解答用紙に書き込んでレッスンをします。赤ペンの添削例や，「添削チェックシート」を参考にすれば，お子さんが書いた作文をていねいに添削することができます。

- レッスン１ 作文の基本と，書くための準備
- レッスン２ さまざまなテーマの入試作文
- レッスン３ 長文の内容をふまえて書く入試作文
- 実力だめし！入試作文
- 別冊「添削チェックシート・解答用紙」付き

定価：1,155円（本体1,050+税）

絶賛販売中！

詳しくは教英出版で検索

教英出版 検索

URL https://kyoei-syuppan.net/

神奈川県

①[県立] 相模原中等教育学校
　　　　平塚中等教育学校
②[市立]南高等学校附属中学校
③[市立]横浜サイエンスフロンティア高等学校附属中学校
④[市立]川崎高等学校附属中学校
✿⑤聖光学院中学校
✿⑥浅野中学校
⑦洗足学園中学校
⑧法政大学第二中学校
⑨逗子開成中学校(1次)
⑩逗子開成中学校(2·3次)
⑪神奈川大学附属中学校(第1回)
⑫神奈川大学附属中学校(第2·3回)
⑬栄光学園中学校
⑭フェリス女学院中学校

新潟県

①[県立] 村上中等教育学校
　　　　柏崎翔洋中等教育学校
　　　　燕中等教育学校
　　　　津南中等教育学校
　　　　直江津中等教育学校
　　　　佐渡中等教育学校
②[市立]高志中等教育学校
③新潟第一中学校
④新潟明訓中学校

石川県

①[県立]金沢錦丘中学校
②星稜中学校

福井県

①[県立]高志中学校

山梨県

①山梨英和中学校
②山梨学院中学校
③駿台甲府中学校

長野県

①[県立] 屋代高等学校附属中学校
　　　　諏訪清陵高等学校附属中学校
②[市立]長野中学校

岐阜県

①岐阜東中学校
②鶯谷中学校
③岐阜聖徳学園大学附属中学校

静岡県

①[国立]静岡大学教育学部附属中学校
　　　　(静岡·島田·浜松)
② [県立]清水南高等学校中等部
　 [県立]浜松西高等学校中等部
　 [市立]沼津高等学校中等部
③不二聖心女子学院中学校
④日本大学三島中学校
⑤加藤学園暁秀中学校
⑥星陵中学校
⑦東海大学付属静岡翔洋高等学校中等部
⑧静岡サレジオ中学校
⑨静岡英和女学院中学校
⑩静岡雙葉中学校
⑪静岡聖光学院中学校
⑫静岡学園中学校
⑬静岡大成中学校
⑭城南静岡中学校
⑮静岡北中学校
⑯ 常葉大学附属常葉中学校
　 常葉大学附属橘中学校
　 常葉大学附属菊川中学校
⑰藤枝明誠中学校
⑱浜松開誠館中学校
⑲静岡県西遠女子学園中学校
⑳浜松日体中学校
㉑浜松学芸中学校

愛知県

①[国立]愛知教育大学附属名古屋中学校
②愛知淑徳中学校
③ 名古屋経済大学市邨中学校
　 名古屋経済大学高蔵中学校
④金城学院中学校
⑤椙山女学園中学校
⑥東海中学校
⑦南山中学校男子部
⑧南山中学校女子部
⑨聖霊中学校
⑩滝中学校
⑪名古屋中学校
⑫大成中学校
⑬愛知中学校
⑭星城中学校
⑮名古屋葵大学中学校
　(名古屋女子大学中学校)
⑯愛知工業大学名電中学校
⑰海陽中等教育学校(特別給費生)
⑱海陽中等教育学校(I·II)
⑲中部大学春日丘中学校
新刊⑳名古屋国際中学校

三重県

①[国立]三重大学教育学部附属中学校
②暁中学校
③海星中学校
④四日市メリノール学院中学校
⑤高田中学校
⑥セントヨゼフ女子学園中学校
⑦三重中学校
⑧皇學館中学校
⑨鈴鹿中等教育学校
⑩津田学園中学校

滋賀県

①[国立]滋賀大学教育学部附属中学校
②[県立] 河瀬中学校
　　　　守山中学校
　　　　水口東中学校

京都府

①[国立]京都教育大学附属桃山中学校
②[府立]洛北高等学校附属中学校
③[府立]園部高等学校附属中学校
④[府立]福知山高等学校附属中学校
⑤[府立]南陽高等学校附属中学校
⑥[市立]西京高等学校附属中学校
⑦同志社中学校
⑧洛星中学校
⑨洛南高等学校附属中学校
⑩立命館中学校
⑪同志社国際中学校
⑫同志社女子中学校(前期日程)
⑬同志社女子中学校(後期日程)

大阪府

①[国立]大阪教育大学附属天王寺中学校
②[国立]大阪教育大学附属平野中学校
③[国立]大阪教育大学附属池田中学校

④[府立]富田林中学校
⑤[府立]咲くやこの花中学校
⑥[府立]水都国際中学校
⑦清風中学校
⑧高槻中学校（A日程）
⑨高槻中学校（B日程）
⑩明星中学校
⑪大阪女学院中学校
⑫大谷中学校
⑬四天王寺中学校
⑭帝塚山学院中学校
⑮大阪国際中学校
⑯大阪桐蔭中学校
⑰開明中学校
⑱関西大学第一中学校
⑲近畿大学附属中学校
⑳金蘭千里中学校
㉑金光八尾中学校
㉒清風南海中学校
㉓帝塚山学院泉ヶ丘中学校
㉔同志社香里中学校
㉕初芝立命館中学校
㉖関西大学中等部
㉗大阪星光学院中学校

兵庫県

①[国立]神戸大学附属中等教育学校
②[県立]兵庫県立大学附属中学校
③雲雀丘学園中学校
④関西学院中学部
⑤神戸女学院中学部
⑥甲陽学院中学校
⑦甲南中学校
⑧甲南女子中学校
⑨灘中学校
⑩親和中学校
⑪神戸海星女子学院中学校
⑫滝川中学校
⑬啓明学院中学校
⑭三田学園中学校
⑮淳心学院中学校
⑯仁川学院中学校
⑰六甲学院中学校
⑱須磨学園中学校(第1回入試)
⑲須磨学園中学校(第2回入試)
⑳須磨学園中学校(第3回入試)
㉑白陵中学校
㉒夙川中学校

奈良県

①[国立]奈良女子大学附属中等教育学校
②[国立]奈良教育大学附属中学校
③[県立]
国際中学校
青翔中学校
④[市立]一条高等学校附属中学校
⑤帝塚山中学校
⑥東大寺学園中学校
⑦奈良学園中学校
⑧西大和学園中学校

和歌山県

①[県立]
古佐田丘中学校
向陽中学校
桐蔭中学校
日高高等学校附属中学校
田辺中学校
②智辯学園和歌山中学校
③近畿大学附属和歌山中学校
④開智中学校

岡山県

①[県立]岡山操山中学校
②[県立]倉敷天城中学校
③[県立]岡山大安寺中等教育学校
④[県立]津山中学校
⑤岡山中学校
⑥清心中学校
⑦岡山白陵中学校
⑧金光学園中学校
⑨就実中学校
⑩岡山理科大学附属中学校
⑪山陽学園中学校

広島県

①[国立]広島大学附属中学校
②[国立]広島大学附属福山中学校
③[県立]広島中学校
④[県立]三次中学校
⑤[県立]広島叡智学園中学校
⑥[市立]広島中等教育学校
⑦[市立]福山中学校
⑧広島学院中学校
⑨広島女学院中学校
⑩修道中学校
⑪崇徳中学校
⑫比治山女子中学校
⑬福山暁の星女子中学校
⑭安田女子中学校
⑮広島なぎさ中学校
⑯広島城北中学校
⑰近畿大学附属広島中学校福山校
⑱盈進中学校
⑲如水館中学校
⑳ノートルダム清心中学校
㉑銀河学院中学校
㉒近畿大学附属広島中学校東広島校
㉓AICJ中学校
㉔広島国際学院中学校
㉕広島修道大学ひろしま協創中学校

山口県

①[県立]
下関中等教育学校
高森みどり中学校
②野田学園中学校

徳島県

①[県立]
富岡東中学校
川島中学校
城ノ内中等教育学校
②徳島文理中学校

香川県

①大手前丸亀中学校
②香川誠陵中学校

愛媛県

①[県立]
今治東中等教育学校
松山西中等教育学校
②愛光中学校
③済美平成中等教育学校
④新田青雲中等教育学校

高知県

①[県立]
安芸中学校
高知国際中学校
中村中学校

福岡県

①[国立]福岡教育大学附属中学校
（福岡·小倉·久留米）
②[県立]育徳館中学校
門司学園中学校
宗像中学校
嘉穂高等学校附属中学校
輝翔館中等教育学校
③西南学院中学校
④上智福岡中学校
⑤福岡女学院中学校
⑥福岡雙葉中学校
⑦照曜館中学校
⑧筑紫女学園中学校
⑨敬愛中学校
⑩久留米大学附設中学校
⑪飯塚日新館中学校
⑫明治学園中学校
⑬小倉日新館中学校
⑭久留米信愛中学校
⑮中村学園女子中学校
⑯福岡大学附属大濠中学校
⑰筑陽学園中学校
⑱九州国際大学付属中学校
⑲博多女子中学校
⑳東福岡自彊館中学校
㉑八女学院中学校

佐賀県

①[県立]香楠中学校
致遠館中学校
唐津東中学校
武雄青陵中学校
②弘学館中学校
③東明館中学校
④佐賀清和中学校
⑤成穎中学校
⑥早稲田佐賀中学校

長崎県

①[県立]長崎東中学校
佐世保北中学校
諫早高等学校附属中学校
②青雲中学校
③長崎南山中学校
④長崎日本大学中学校
⑤海星中学校

熊本県

①[県立]玉名高等学校附属中学校
宇土中学校
八代中学校
②真和中学校
③九州学院中学校
④ルーテル学院中学校
⑤熊本信愛女学院中学校
⑥熊本マリスト学園中学校
⑦熊本学園大学付属中学校

大分県

①[県立]大分豊府中学校
②岩田中学校

宮崎県

①[県立]五ヶ瀬中等教育学校
②[県立]宮崎西高等学校附属中学校
都城泉ヶ丘高等学校附属中学校
③宮崎日本大学中学校
④日向学院中学校
⑤宮崎第一中学校

鹿児島県

①[県立]楠隼中学校
②[市立]鹿児島玉龍中学校
③鹿児島修学館中学校
④ラ・サール中学校
⑤志學館中等部

沖縄県

①[県立]与勝緑が丘中学校
開邦中学校
球陽中学校
名護高等学校附属桜中学校

もっと過去問シリーズ

北海道

北嶺中学校
7年分(算数・理科・社会)

静岡県

静岡大学教育学部附属中学校
(静岡·島田·浜松)
10年分(算数)

愛知県

愛知淑徳中学校
7年分(算数・理科・社会)
東海中学校
7年分(算数・理科・社会)
南山中学校男子部
7年分(算数・理科・社会)
南山中学校女子部
7年分(算数・理科・社会)
滝中学校
7年分(算数・理科・社会)
名古屋中学校
7年分(算数・理科・社会)

岡山県

岡山白陵中学校
7年分(算数・理科)

広島県

広島大学附属中学校
7年分(算数・理科・社会)
広島大学附属福山中学校
7年分(算数・理科・社会)
広島学院中学校
7年分(算数・理科・社会)
広島女学院中学校
7年分(算数・理科・社会)
修道中学校
7年分(算数・理科・社会)
ノートルダム清心中学校
7年分(算数・理科・社会)

愛媛県

愛光中学校
7年分(算数・理科・社会)

福岡県

福岡教育大学附属中学校
(福岡·小倉·久留米)
7年分(算数・理科・社会)
西南学院中学校
7年分(算数・理科・社会)
久留米大学附設中学校
7年分(算数・理科・社会)
福岡大学附属大濠中学校
7年分(算数・理科・社会)

佐賀県

早稲田佐賀中学校
7年分(算数・理科・社会)

長崎県

青雲中学校
7年分(算数・理科・社会)

鹿児島県

ラ·サール中学校
7年分(算数・理科・社会)

※もっと過去問シリーズは
国語の収録はありません。

教英出版
〒422-8054
静岡県静岡市駿河区南安倍3丁目12−28
TEL 054-288-2131
FAX 054-288-2133
詳しくは教英出版で検索
教英出版 検索
URL https://kyoei-syuppan.net/

令和６年度(2024年度)
熊本県立中学校入学者選抜

適性検査問題Ⅰ

【10：00 ～ 10：50】

注　意

1　「はじめ」の合図《あいず》があるまでは，適性検査問題Ⅰを開いてはいけません。

2　適性検査問題Ⅰは [1] ～ [3] で，６ページまであります。

3　解答用紙は３枚あり，適性検査問題Ⅰの中にはさんであります。取り出して使用しなさい。

4　解答用紙（その１）は，適性検査問題Ⅰの [1] の解答用紙，解答用紙（その２）は，適性検査問題Ⅰの [2] の解答用紙，解答用紙（その３）は，適性検査問題Ⅰの [3] の解答用紙です。

5　「はじめ」の合図があったら，まず，受検番号を適性検査問題Ⅰ及び解答用紙（その１），（その２），（その３）のそれぞれの受検番号らんに書きなさい。

6　答えは，すべて解答用紙（その１），（その２），（その３）に書きなさい。

7　リスニングは [1] の**問題１**，**問題２**，**問題３**です。聞きながらメモをとってもかまいません。英語は，２回ずつ放送します。

8　「やめ」の合図があったら，すぐに筆記《ひっき》用具を置き，適性検査問題Ⅰの上に解答用紙（その１）を，その上に解答用紙（その２）を，その上に解答用紙（その３）を裏《うら》返しにして置きなさい。

9　適性検査問題Ⅰは，持ち帰ってもかまいません。

受検番号	

1　次の**問題１**，**問題２**，**問題３**は，リスニングです。

※音声は収録しておりません

問題１　みきさんのクラスに，新しい英語の先生が来ました。先生の名前はジョンです。ジョン先生は，クラスのみんなに自己《じこ》しょうかいをしてくれました。みきさんは，先生の自己しょうかいを聞きながらメモをとりました。メモの内容として最も適当なものを，次のア～エの中から一つ選び，記号で答えなさい。英語は２回放送します。

【みきさんのメモ】

ア	イ	ウ	エ
• 先生の名前 Jonh • アメリカ出身 • ピアノをひく	• 先生の名前 Jonh • アメリカ出身 • ギターをひく	• 先生の名前 John • アメリカ出身 • ピアノをひく	• 先生の名前 John • アメリカ出身 • ギターをひく

問題２　ジョン先生は，英語の授業で，自分の住んでいた町について，３枚《まい》の絵を順番に見せながらしょうかいします。ジョン先生が見せた絵を，次のア～オから三つ選び，ジョン先生が見せた順番になるように正しく並《なら》べかえなさい。英語は２回放送します。

ア

イ

ウ

エ

オ

問題3　みきさんのクラスでは，ジョン先生が自分の住んでいた町をしょうかいしてくれたお礼に，地域《ちいき》の祭りをしょうかいしようと考えました。そこで，１班から６班までの各班が，しょうかいする祭りのポスターを作成しました。ジョン先生とみきさんは，ポスターを見ながら話をしています。

　二人の会話を聞いて，ジョン先生がやりたいことをすべてできる祭りとして最も適当なものを，次の１班から６班のポスターの中から一つ選び，班の番号で答えなさい。また，選んだ理由を，ジョン先生がやりたいことをすべてふくめて，日本語で書きなさい。英語は２回放送します。

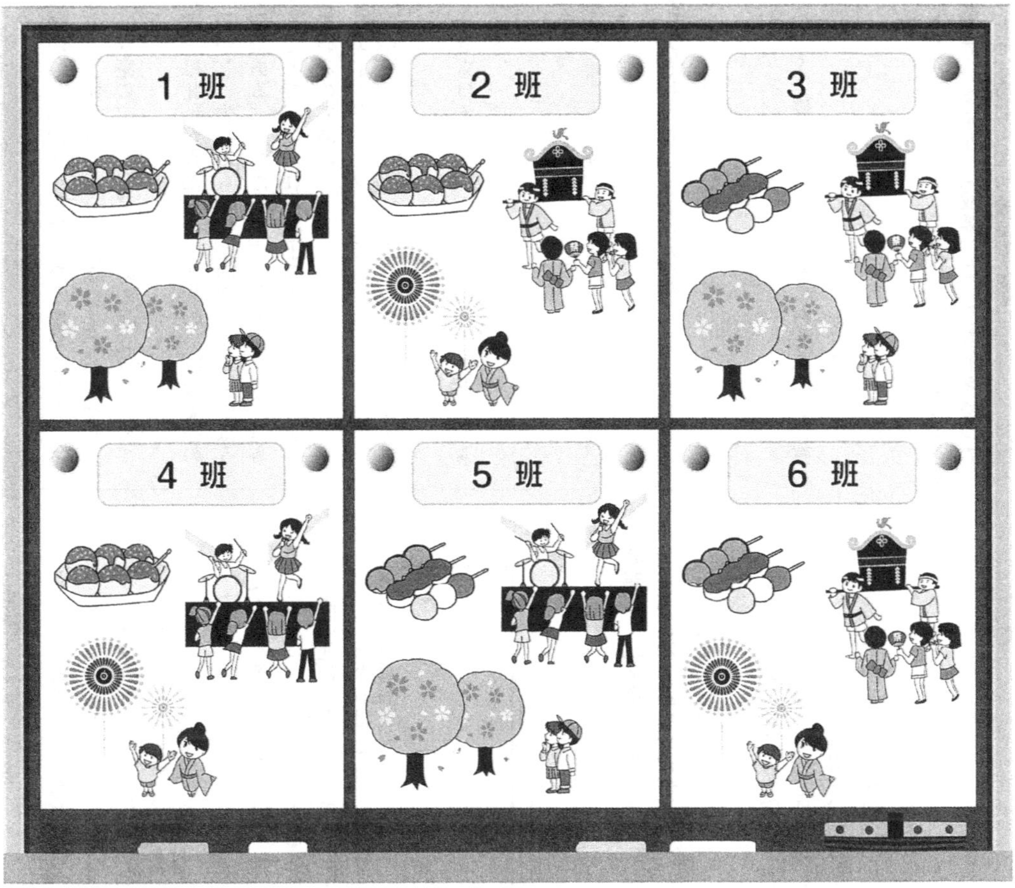

モヤシの双葉は、マメの部分が二つに分かれている。たとえば、枝豆や空豆、落花生なども、豆が二つに分かれる。

マメ科植物の種子の二つに分かれた部分は、双葉になる部分である。マメ科の種子の中には胚乳がなく、双葉がぎっしりと詰まっている。そしてマメ科植物は、この厚みのある双葉の中に、発芽のための栄養分をためているのである。

米のように一般的な植物の種子は胚乳が大部分で、植物の芽になる胚の部分は、ほんの少しである。しかし、少しでも芽生えの部分が大きいほうが、他の芽生えとの競争に有利である。そのため、マメ科の種子は、エネルギータンクを体内に内蔵《ないぞう》することで、限られた種子の中のスペースを有効に活用して、体を大きくしているのである。

マメ科植物は、生きるためのエネルギーをソナえている。

そしてモヤシは、まさにそのエネルギーを使って成長している姿なのである。

（稲垣栄洋《いながきひでひろ》「ナマケモノは、なぜ怠けるのか？　生き物の個性と進化のふしぎ」ちくまプリマー新書による。一部省略がある。）

（注）○湾曲＝弓なりに曲がっていること。
○光合成＝太陽の光エネルギーを利用して、二酸化炭素と水から栄養をつくること。
○軽油＝石油の原油からとれる油の一種。
○相当＝あてはまる。
○タンク＝水やガス、石油などをたくわえておく、大きな入れもの。

問題１　〰〰線部Ａ「ヤサイ」、〰〰線部Ｂ「ソナ」をそれぞれ漢字に直して書きなさい。

問題２　――線部①「大切な双葉を守る」とありますが、双葉のどのようなようすのことを筆者は述べていますか。「双葉」という言葉を使って、「形」という言葉につながるように、二つ書きなさい。

問題３　――線部②「モヤシは光を浴びて光合成ができるわけでもないし、根っこから与えられるのは水だけである」とありますが、はるきさんは、イネとモヤシのちがいについて、次のようにまとめました。【イネとモヤシのちがい】の［　］に入るふさわしい内容を、マメ科の植物の芽生えの特ちょうにふれながら、イネについてまとめた部分の文章を参考に、六十字以上、八十字以内で書きなさい。

【イネとモヤシのちがい】
イネは、種子の中にある胚乳をエネルギータンクとしている。また、太陽の光に当たることで養分を作り、成長している。
一方モヤシは、［　　　　　　　　］

問題４　【文章】を読んで、これまで植物を育てたり観察したりしたことをもとに、あなたが考えたことを書きなさい。（あとの〈条件〉にしたがって書くこと。）

〈条件〉○【文章】の内容にふれながら書くこと。
○植物を育てたり観察したりした経験をふまえて具体的に書くこと。
○百六十字以上、百八十字以内で書くこと。
○解答用紙の◆の印から書き始め、段落は変えないこと。

問題３にはいります。

みきさんのクラスでは，ジョン先生が自分の住んでいた町を紹介してくれたお礼に，地域の祭りを紹介しようと考えました。そこで，１班から６班までの各班が，紹介する祭りのポスターを作成しました。ジョン先生とみきさんは，ポスターを見ながら話をしています。

二人の会話を聞いて，ジョン先生がやりたいことをすべてできる祭りとして最も適当なものを，次の１班，２班，３班，４班，５班，６班のポスターの中から一つ選び，班の番号で答えなさい。また，選んだ理由を，ジョン先生がやりたいことをすべて含めて，日本語で書きなさい。英語は２回放送します。

では，始めます。

Miki ： Look. We have many festivals in my town.

John ： Great. I want to go to the festivals with my friends.

Miki ： What do you want to do?

John ： I want to eat *takoyaki* at the festivals. My favorite food is *takoyaki*.

Miki ： Really? You can eat *takoyaki* at the festivals.

John ： And I want to enjoy music. I want to see fireworks, too.

Miki ： Me, too.

くり返します。（省略）

これでリスニングを終わります。ひきつづき，検査問題２番から３番までの解答を始めなさい。

令和６年度（2024年度）　英語リスニング台本

（チャイム１回）

※音声は収録しておりません

ただ今から，放送によるリスニングを行います。リスニングは，検査問題１番の問題１，問題２，問題３です。英語は，２回ずつ放送します。

では，問題１にはいります。

みきさんのクラスに，新しい英語の先生が来ました。先生の名前はジョンです。ジョン先生は，クラスのみんなに自己紹介をしてくれました。みきさんは，先生の自己紹介を聞きながらメモをとりました。メモの内容として最も適当なものを，次のア，イ，ウ，エの中から一つ選び，記号で答えなさい。英語は２回放送します。
では，始めます。

Hello.　I'm John.　J-O-H-N, John.　I'm from America.　I like music.　I play the piano.　I don't play the guitar.
Nice to meet you.

くり返します。（省略）

問題２にはいります。

ジョン先生は，英語の授業で，自分の住んでいた町について，３枚の絵を順番に見せながら紹介します。ジョン先生が見せた絵を，次のア，イ，ウ，エ，オから三つ選び，ジョン先生が見せた順番になるように正しく並べかえなさい。英語は２回放送します。
では，始めます。

We have beautiful lakes and mountains in my town.　We enjoy fishing in summer.　It's fun.　We enjoy camping in winter.
It's exciting.

2　はるきさんは生き物や植物に興味があり、図書だよりにしょうかいしてあったおすすめの本の「ナマケモノは、なぜ怠《なま》けるのか？　生き物の個性と進化のふしぎ」という【本】を読みました。
　次の【文章】は【本】の一部で、はるきさんが印象に残った「モヤシ」について書かれた部分です。よく読んであとの問いに答えなさい。

【文章】

　モヤシの姿《すがた》は植物の強い生命力にあふれている。
　植物の双葉《ふたば》の芽生えを思い浮《う》かべると、短い茎《くき》に双葉を広げている。ところが、どうだろう。モヤシは双葉を広げることなく、いきなり茎を長く伸《の》ばしている。
　これは、植物の芽生えとしては、なんとも不自然な形である。
　モヤシは光を当てずに育てられる。そのため、モヤシ自身は、まだ地上にたどりつかず、土の中を伸びているつもりでいる。
　つまり、モヤシは土の中を成長する姿なのである。
　土の中にいるつもりなので、モヤシは双葉を広げることはない。双葉を閉《と》じて守りながら、成長を続けていくのである。
　そして、地上にたどりつくために、茎を伸ばさなければならない。
　太陽の光の下で育つ芽生えは、茎を長く伸ばす必要はない。しかし、地上に出て光を浴びるまでは、すべての成長に優先《ゆうせん》して茎を伸ばす必要がある。
　モヤシの茎が長いのはそのためなのである。
　しかも、モヤシは頭を下げるように、双葉の部分を垂《た》らした形をしている。
　モヤシは土の中の成長の姿である。まっすぐに伸びると、大切な双葉が土や石で傷《きず》ついてしまう。そのためモヤシは、①大切な双葉を守るように、(注)湾曲《わんきょく》させた茎で土を押《お》し上げるように成長していくのである。
（中略）
　モヤシは、今、まさに成長している植物である。
　モヤシは傷《いた》みやすいAヤサイとして知られている。それは、モヤシが成長し続けているからだ。根っこを切られ、袋《ふくろ》に詰《つ》められて、冷蔵庫《れいぞうこ》の中に入れられても、モヤシは光を求めて成長することをやめない。モヤシが傷むのは、冷蔵庫の中でも、成長し続けるからなのである。
　モヤシは、植物が力強く成長する姿なのである。
　しかし、②モヤシは光を浴びて(注)光合成ができるわけでもないし、根っこから与《あた》えられるのは水だけである。
　この小さな植物の、どこにそれだけの栄養があるのだろう。
　モヤシの成長のエネルギーは、種子の中にあるものがすべてである。
　モヤシだけではない。植物の種子の中には発芽のためのエネルギーが詰まっている。
　たとえば、私《わたし》たちが食べる米は、イネの種子である。
　イネの種子の主な成分は、でんぷんである。でんぷんは生物が生命活動を行なう上でエネルギーとなる基本的な栄養分である。だからお米は、私たち人間にとっても重要な栄養源《げん》となるのだ。
　これに対して、ガソリンで動くガソリン車と(注)軽油で動くディーゼル車があるように、でんぷん以外のものをエネルギー源として使う種子もある。
　たとえば、ヒマワリやナタネは、脂肪《しぼう》を主なエネルギー源としている。ヒマワリやナタネから豊富な油が取れるのはそのためである。
　モヤシの原料となるマメ科の植物は、たんぱく質を発芽のためのエネルギー源としている。（中略）
　さらにマメ科の植物の芽生えには、ある特徴《とくちょう》がある。
　植物の種子には、植物の基《もと》になる胚《はい》と呼ばれる赤ちゃんの部分と、胚の栄養分となる胚乳《はいにゅう》という赤ちゃんのミルクに(注)相当する部分がある。
　たとえばイネの種子である米では、玄米《げんまい》に胚芽《はいが》と呼ばれる部分がついている。これが植物の芽生えとなる胚である。そして、胚芽を取り除《のぞ》いた白米はイネの種子の胚乳の部分である。つまり、通常私たちはイネの種子の(注)エネルギータンクだけを食べているのである。
　このように、植物の種子には胚と胚乳があるのが一般的《いっぱんてき》である。
　ところが、マメ科の植物の種子には胚乳がない。
　豆が大きく観察しやすい大豆のモヤシを観察してみることにしよう。

3　あきさんとけんさんは，熊本県の特産品や日本の農業について学習したことを話しています。次の会話文を読んで，あとの問いに答えなさい。

> あき「夏休みに道の駅に行ったら，すいかがはん売されていたよ。」
> けん「熊本県は日本一のすいかの産地だよ。」
> あき「熊本県以外には，どんな県がたくさんすいかを出荷《しゅっか》しているのかな。」
> けん「すいかの産地について調べてみよう。」

二人は，東京と大阪の市場に集まるすいかの産地について調べ，**資料１**と**資料２**を見つけました。

資料１　東京都中央卸売《おろしうり》市場に集まるすいかの月別産地（令和４年４月～９月）（東京都中央卸売市場計）

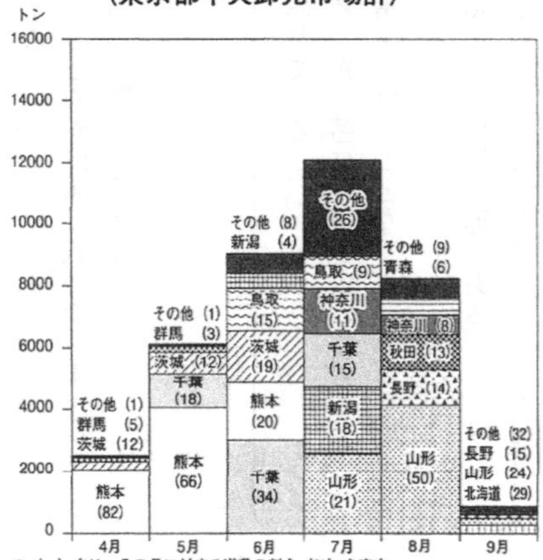

※（　）内は，その月に対する道県の割合（%）を表す。

（農畜産業振興機構資料より作成）

資料２　大阪中央卸売市場に集まるすいかの月別産地（令和４年４月～９月）（大阪中央卸売市場計）

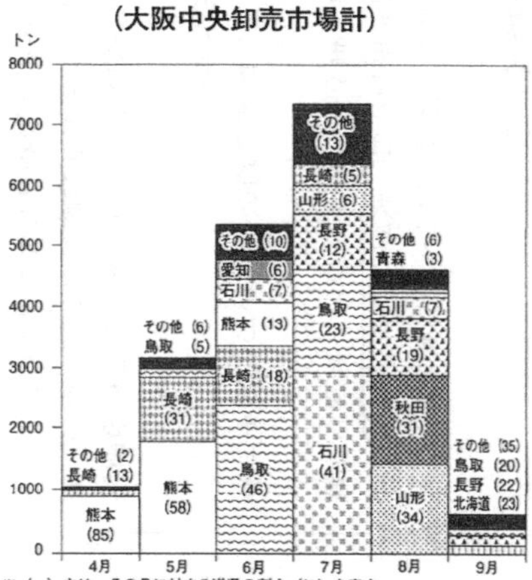

※（　）内は，その月に対する道県の割合（%）を表す。

（農畜産業振興機構資料より作成）

問題１

（１）資料１と資料２について，熊本県から東京と大阪の市場への出荷量が一番多いのはどちらも同じ月です。出荷量が一番多いのは何月か答えなさい。

（２）資料１と資料２について，熊本県からの４月の出荷量は，東京の市場と大阪の市場のどちらが多いですか。解答用紙の「東京」，「大阪」のどちらかを丸で囲みなさい。また，およその出荷量をもとに，選んだ理由を書きなさい。

二人は，東京と大阪の市場に集まるすいかの量が一番多い７月に，何か特ちょうがないかと考えました。

（３）資料１と資料２について，７月の出荷量が東京と大阪のどちらの市場でも上位の５県にふくまれている県をすべて答えなさい。また，それらの県に共通する出荷の特ちょうについて，それらの県の東京都，大阪府との位置関係と出荷量を関連付けて書きなさい。さらに，生産者がそのような出荷を行うのはなぜか，あなたの考えを書きなさい。

> あき「熊本県はすいかをはじめ農業がさかんだよね。」
> けん「そうだね。そういえば，この前，家の近所で稲《いね》かりをしていたよ。」
> あき「米づくりについて学習したけど，米づくりにはさまざまな課題があったね。」
> けん「農家の人たちは，にない手不足の課題を補《おぎな》うために新しい取り組みを考えているよね。
> 　　米づくりについて調べてみよう。」

二人は，米づくりについて調べ，**資料３**，**資料４**，**資料５**を見つけました。

資料3　種もみのじかまきのようす

（農林水産省資料）

資料4　10a あたりの作業別労働時間（個別経営）（2021年）

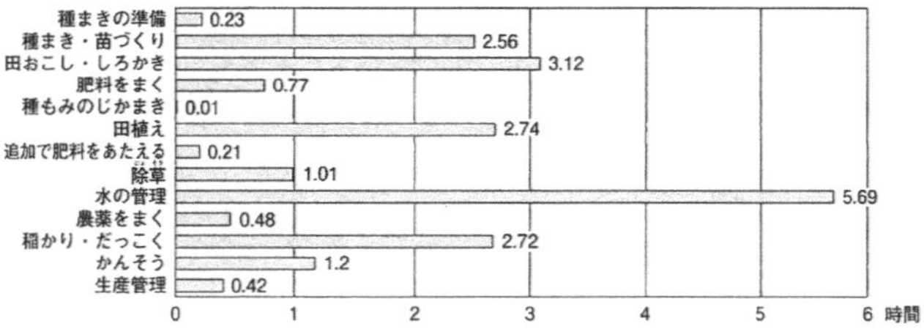

（農林水産省資料より作成）

資料5　米づくりカレンダーの例

※田植えを行う場合

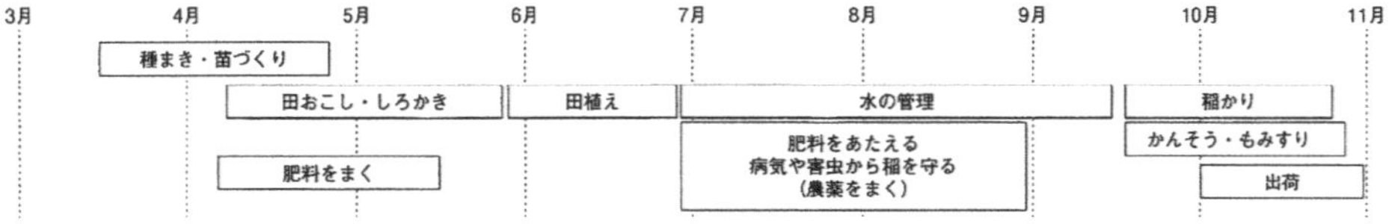

※種もみのじかまきを行う場合

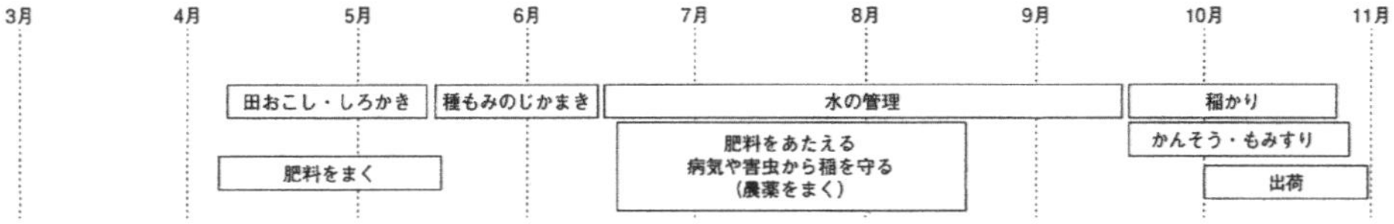

（農林水産省・北陸農政局資料より作成）

問題2

（1）新しい取り組みの一つとして資料3の種もみのじかまきがあります。種もみのじかまきを行うことでの良い点は何か，資料4と資料5から分かることをふまえて書きなさい。

（2）図1は，けんさんの家の近くの田と畑，果樹園の地図です。二人は，農業機械の自動運転に興味を持ち，図1の田の周りの草かりを無人で行うため，図3のプログラムを完成させます。自動草かり機は ◉ で表し，図1の位置から草かりを始めます。図1の田の周りの草かり（1周）ができるように，図3の①～⑥に入る命令を，次のア～ケからそれぞれ一つ選び，記号で答えなさい。ただし，自動草かり機は図1の田の周りを進み，命令を実行した場合の動きについては，図2を参考にしなさい。また，ア～ケを2回以上使用してもよいものとします。

ア　左に90度回転する　　イ　右に90度回転する　　ウ　180度回転する
エ　20m前に進む　　オ　40m前に進む　　カ　60m前に進む
キ　100m前に進む　　ク　1回　　ケ　2回

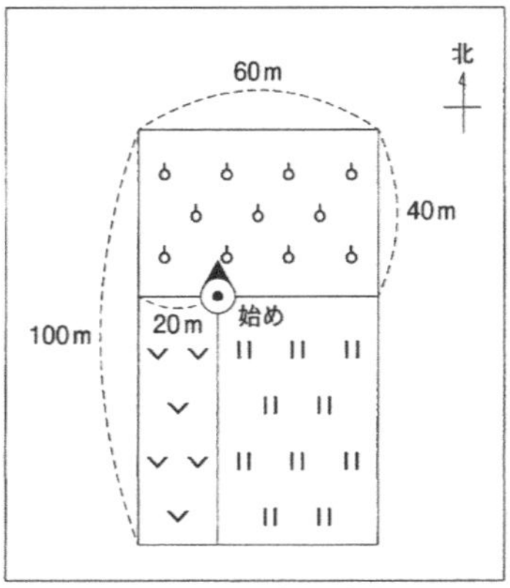

図1　けんさんの家の近くの地図

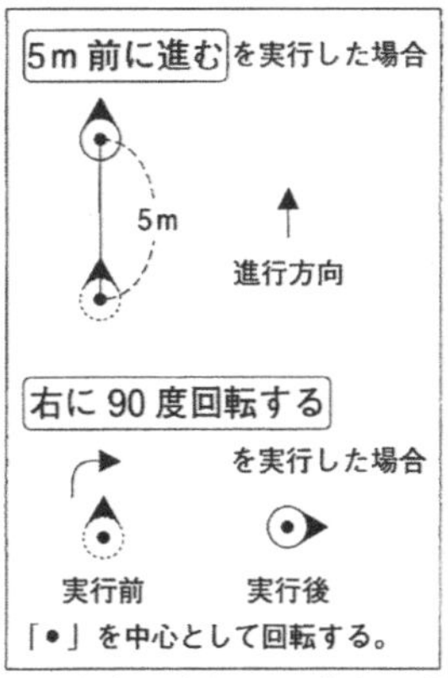

図2　命令を実行した場合の動き

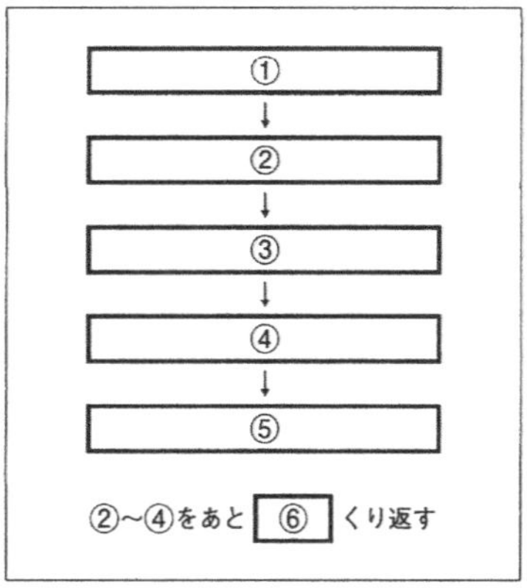

図3　二人が考えたプログラム

令和６年度(2024年度)
熊本県立中学校入学者選抜

適性検査問題Ⅱ

【11：15 ～ 12：05】

注　意

1　「はじめ」の合図《あいず》があるまでは，適性検査問題Ⅱを開いてはいけません。

2　適性検査問題Ⅱは 1 ～ 2 で，５ページまであります。

3　解答用紙は２枚あり，適性検査問題Ⅱの中にはさんであります。取り出して使用しなさい。

4　解答用紙（その１）は，適性検査問題Ⅱの 1 の解答用紙，解答用紙（その２）は，適性検査問題Ⅱの 2 の解答用紙です。

5　「はじめ」の合図があったら，まず，受検番号を適性検査問題Ⅱ及び解答用紙（その１），（その２）のそれぞれの受検番号らんに書きなさい。

6　答えは，すべて解答用紙（その１），（その２）に書きなさい。

7　「やめ」の合図があったら，すぐに筆記《ひっき》用具を置き，適性検査問題Ⅱの上に解答用紙（その１）を，その上に解答用紙（その２）を裏《うら》返しにして置きなさい。

8　適性検査問題Ⅱは，持ち帰ってもかまいません。

受検番号	

1　次の各場面におけるそれぞれの問題に答えなさい。

問題１　ゆうかさんは図書委員会で図書室の本の貸出冊数《さっすう》について話し合っています。まず，熊本県の小学生や中学生の読書活動について調べることになり，次の**資料１**を見つけました。**資料１**は熊本県の小学校と中学校からそれぞれ11校を選び，各学年１学級の児童・生徒を対象に調査した結果です。

（1）ゆうかさんは，資料１から分かることとして，次の①～④を考えました。①～④のそれぞれについて，正しければ「○」，正しくなければ「×」，正しいとも正しくないともいえなければ「△」として，解答用紙の「○」，「×」，「△」のどれか一つを丸で囲みなさい。

資料１　**令和３年度　子どもの読書活動アンケート**
本を１か月に読む量

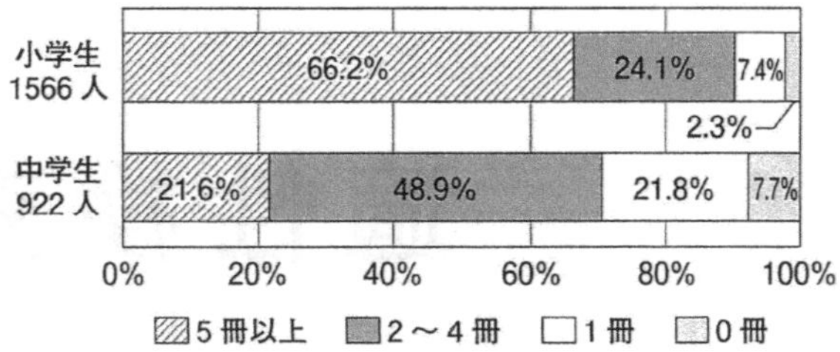

（熊本県教育委員会資料より作成）

①　小学生で１か月に本を５冊以上読んでいる人数は，小学生全体の半分より少ない。
②　中学生で１か月に本を２冊読んでいる人数の割合《わりあい》は，16.3％である。
③　１か月に本を１冊も読まない人数は，小学生より中学生の方が多い。
④　１か月に本を２～４冊読んでいる人数は，中学生が小学生の約２倍である。

次に，ゆうかさんたちは，自分の学校の状きょうについて調べようと考え，５年生95人にアンケート調査を行いました。結果を集計すると，次のようになりました。

【アンケート調査の結果】
読書が好きですか。　　はい … 84人　　いいえ … 11人
10月に図書室で５冊以上本を借りましたか。　　はい … 41人　　いいえ … 54人

二人は，**【アンケート調査の結果】**と調査用紙を見ながら話し合っています。

ゆうか「読書が好きだと答えている人は84人もいるね。」
れいじ「でも，10月に図書室で５冊以上本を借りた人は，41人しかいないよ。半分以上の人が10月に図書室で借りた本は５冊未満ということだね。」
ゆうか「『読書が好きですか』には，『いいえ』と答えているけど，『10月に図書室で５冊以上本を借りましたか』に『はい』と答えている人は，６人いるね。」

（2）二人は，【アンケート調査の結果】を表１に整理し直しました。【アンケート調査の結果】と二人の会話をもとに，表１の空らんに当てはまる数字を書き，解答用紙の表１を完成させなさい。

表１　**アンケート調査の結果**　（人）

		読書が好きか		合　計
		はい	いいえ	
10月に図書室で５冊以上本を借りたか	はい			
	いいえ			
合　計				95

問題２　さくらさんは環境《かんきょう》委員会の取組で，毎日行うはみがきの時間の節水を呼《よ》びかけることにしました。そこで，節水を呼びかける前に全校児童380人に，うがいのときに水を流したままにしているかについてアンケート調査を行いました。その結果95人がうがいのときに水を流したままにしていることが分かりました。

（１）うがいのときに水を流したままにしている人は，全校児童の何％か求めなさい。

　アンケートの結果から，できるだけ多くの人に節水に取り組んでほしいと考え，10月から環境委員会で呼びかけを始めました。そして，取組による学校の水使用量の変化について，先生にたずねると，次のことが分かりました。

> **【取組による変化】**
> 　９月の学校の水使用量は250m^3 であった。
> 　10月は９月より５％減った。
> 　11月は９月より14.5％減った。

（２）11月の学校の水使用量は，10月の学校の水使用量と比べると何％減ったか求めなさい。また，言葉や式を使って求め方も書きなさい。

問題３　あきおさんのクラスでは，縦《たて》24cm，横45cm，高さ30cm の直方体の形をした水そうでメダカの飼育をしています。水そうには，石が入っています。あきおさんは，水そうの水がにごってきたので，水そうに入っている水の半分を入れかえようと考え，メダカを別にしたところ，水面の高さは26cmでした。水そうの底面の頂点をそれぞれＡ，Ｂ，Ｃ，Ｄとします（図１）。図１の水そうを図２のような状態までかたむけて水を捨《す》て，水そうを図３の状態にもどしました。ただし，水そうのガラスの厚さは考えないものとし，水そうをかたむけるときは，辺 BC が台からはなれないものとします。

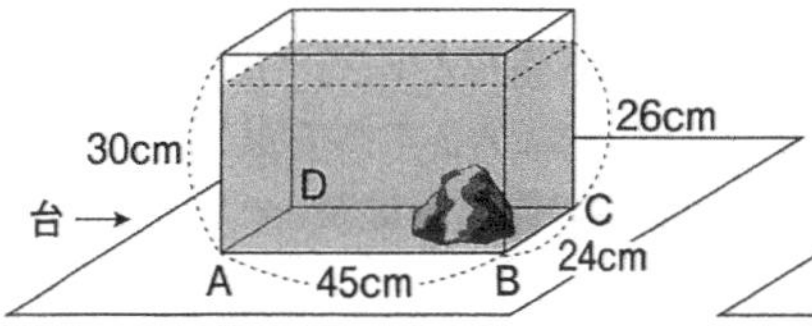

図１

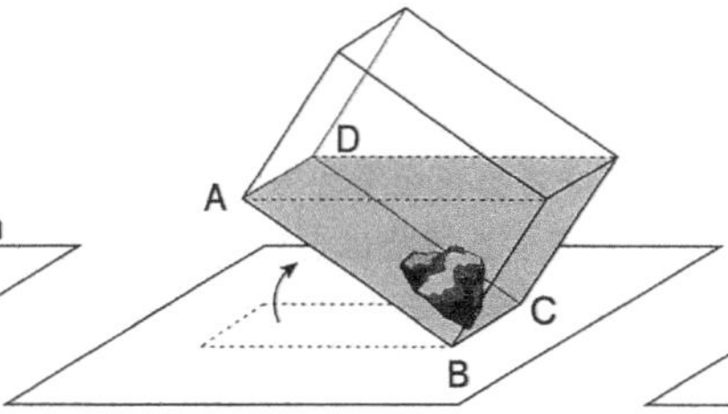

図２

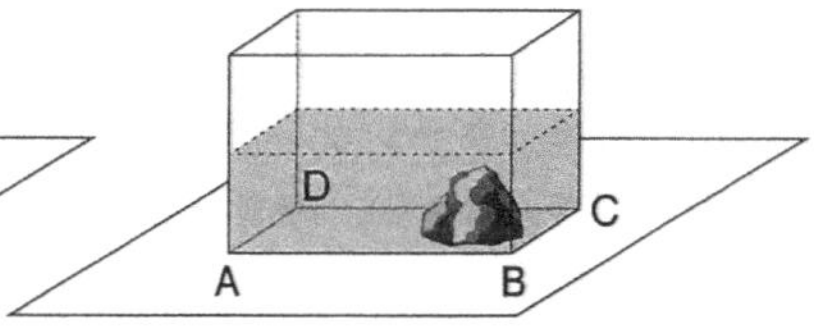

図３

（１）図３の水面の高さは何 cm になるか求めなさい。

　図３の石を取り出したところ，水面の高さは13cmになりました（図４）。

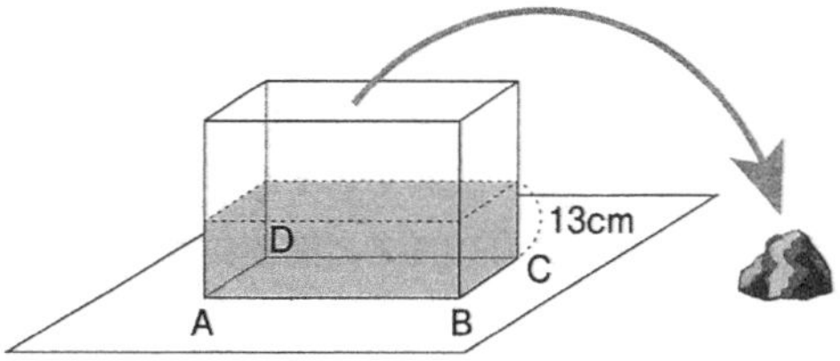

図４

（２）石の体積は何 cm^3 か求めなさい。

（３）図５は，図４の水そうをかたむけて水を捨て，水そうに入っている水の量を最初（図１）の水の量の半分にしたものです。このときの辺 AB 上の水面の位置をＥとするとき，AE の長さは何 cm か求めなさい。また，言葉や式などを使って求め方もかきなさい。

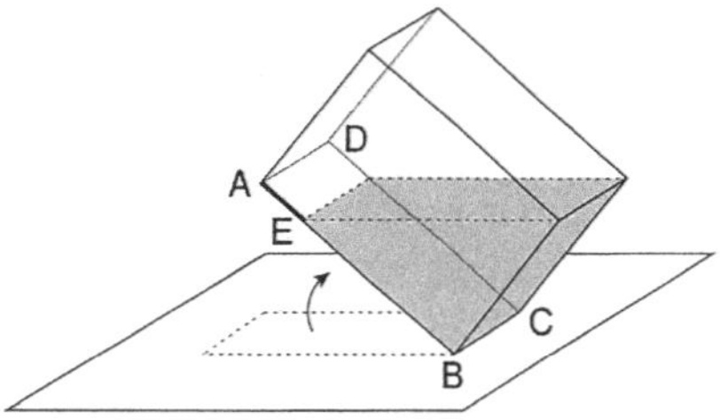

図５

2　けんとさんとなつみさんは，さいばい委員会で３月に行われる卒業式の会場にかざる花を育てようと計画を立てています。

けんと「熊本県の花は『リンドウ』だね。」
なつみ「『リンドウ』は，深い青色の花だよね。」
けんと「そうだね。『リンドウ』は３月ごろから新芽を出して，９月から11月の間に花がさくみたいだよ。」
なつみ「３月の卒業式には，さいている花をかざりたいね。」
けんと「３月の卒業式には，『リンドウ』をかざるのは難《むずか》しいね。理由は，［　　　　］からだよ。」
なつみ「確かにそうだね。他の植物も調べてみよう。」

問題１

（１）二人の会話の［　　　　］に入るふさわしい内容を書きなさい。

二人は，「リンドウ」以外の植物も調べて，表にまとめました（**表１**）。

表１　種まき時期と花がさく時期，草たけ（植物の高さ）

	植物	種まき時期	花がさく時期	草たけ（植物の高さ）
ア	クローバー	９月～11月	４月～６月	20cm～40cm
イ	パンジー	７月～10月	２月～５月	10cm～30cm
ウ	マリーゴールド	４月～６月	６月～11月	20cm～100cm
エ	アブラナ	９月～11月	12月～５月	80cm～150cm
オ	マツバボタン	４月～６月	６月～10月	10cm～20cm
カ	ノースポール	８月～11月	３月～６月	15cm～30cm

（２）二人は表１をもとに，卒業式にかざる花を考えています。卒業式にかざる花として，９月に種をまき，プランターで育てることができる植物はどれですか。表１のア～カからすべて選び，記号で答えなさい。ただし，プランターで育てることができる草たけ（植物の高さ）は30cmまでとします。

（３）卒業式にかざる花を決めた二人は，プランターを置く場所を考えています。図１は，二人の学校の配置図です。図１のどこにプランターを置くとよりよく成長すると考えられますか。図１のＡ～Ｅから二つ選び，記号で答えなさい。また，選んだ理由を，１日の太陽の動きと関連付けて書きなさい。

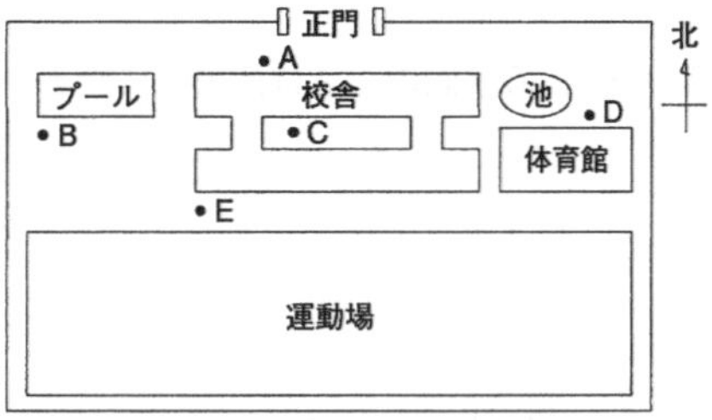

図１　二人の学校の配置図

問題 3

◆の印から書き始め、段落は変えないこと。

80　60　10

問題 4

◆の印から書き始め、段落は変えないこと。

◆

180　160

15点

		理由	5点
問題２	（１）		10点
	（２）		完答４点

①	②	③	④	⑤	⑥

	(2)	(　　　　　　) [illegible]	
		求め方	
問題３	(1)	(　　　　　　) cm	4点
	(2)	(　　　　　　) cm^3	5点
	(3)	(　　　　　　) cm	8点
		求め方	

	使用したリトマス紙が（　青　・　赤　）色に変われば酸性である。	
(3)	① ｜ ｜ ② ｜ ｜ ③ ｜	6点(①，②完答3点)
(4)		2点
(5)	Ⓒでは，	5点×2
	Ⓓでは，	

受検番号	

適性検査問題Ⅱ解答用紙（その２）

２

問題１	（１）		３点
	（２）	記号（　　　　　　　）	完答４点
	（３）	記号（　　　　）（　　　　）	６点
		理由	
問題２	（１）	（ア）　　　　　（イ）	３点×２

受検番号	

適性検査問題Ⅱ解答用紙（その１）

※80点満点

1

問題１	（１）	①	○	×	△
		②	○	×	△
		③	○	×	△
		④	○	×	△

１点×４

（２）

表１　アンケート調査の結果　（人）

		読書が好きか		合　計
		はい	いいえ	
10月に図書室で５冊以上本を借りたか	はい			
	いいえ			
合　計				95

６点

【解答用

受検番号

適性検査問題Ⅰ解答用紙（その3）

3

問題1	（1）	（　　　　　）月	3点
	（2）	熊本県からの4月の出荷量が多い市場 東　京　・　大　阪	7点
		理由	
	（3）	県名	2点

【解答用

適性検査問題Ⅰ解答用紙（その2）

受検番号

2

問題 1

A	B
	え

2点×2

問題 2

形	形

3点×2

受検番号	

適性検査問題Ⅰ解答用紙（その1）

※80点満点

1

問題１	記号（　　　　　　　　）	２点
問題２	→　　　　→	完答２点
問題３	（　　　　　　　　）班	６点
	選んだ理由（日本語で）	

　6月の初めのころ，けんとさんは，アジサイの花には青色と赤色があることに気づいたので調べてみると，アジサイは，土が酸性かアルカリ性かによって花の色が変わること，さらに土が酸性の場合はアジサイの花の色が青色になることがわかりました。

　そこで，けんとさんは，酸性の液体肥料を加えるとアジサイの花の色が青色になるのかを調べようと思いました。まず，学校にある液体肥料が酸性であるかを確認するために，リトマス紙を使って調べました。

　けんとさんは，**図2**のようにリトマス紙を使っていたので，それを見たなつみさんが，**【リトマス紙の使い方】**について，次のように教えてくれました。

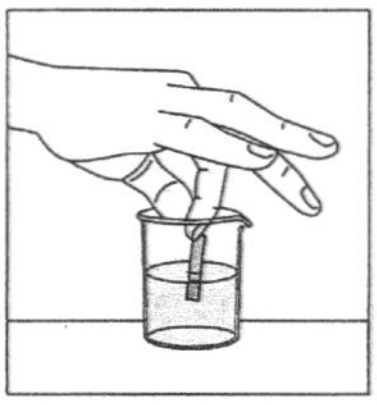

図2

【リトマス紙の使い方】

① リトマス紙を直接手でさわらず，［（ア）］で取り出す。

② リトマス紙を直接水よう液にはつけず，ガラス棒《ほう》（かくはん棒）を使って水よう液をリトマス紙につける。

③ 使ったガラス棒（かくはん棒）で他の水よう液を調べることもあるので，ガラス棒（かくはん棒）を［（イ）］。

問題2

（1）【リトマス紙の使い方】の［（ア）］と［（イ）］に入る最も適当な言葉や内容をそれぞれ書きなさい。

　けんとさんは，なつみさんから聞いた**【リトマス紙の使い方】**で，液体肥料が酸性であるのかを調べました。

（2）液体肥料が酸性であるのかを調べるためには，何色リトマス紙を使用しますか。また，使用したリトマス紙が何色に変化すれば酸性であると言えますか。解答用紙のそれぞれの（　）の中にある「青」，「赤」のどちらかを丸で囲みなさい。

　けんとさんと話をしていたなつみさんも，家にあるアジサイの花を青色にしたいと思い，酸性の性質を持つミョウバンの水よう液をあたえようと考えました。

　なつみさんは，100mLの水にミョウバン25gを入れて混ぜたのですが，とけ残ったミョウバンがたくさん出てしまいました。

（3）とけ残ったミョウバンをすべてとかすために，なつみさんにアドバイスをします。どのようなアドバイスをしますか。次の①～③の（　）の中から適当なものをそれぞれ一つずつ選び，記号で答えなさい。

【アドバイス】

　ミョウバンは水の温度が低いと，とける量が①（ア　多い　イ　少ない）から，水の温度を②（ア　高く　イ　低く）した方がいいよ。もしくは，水の量を多くして，水の量に対するミョウバンの量の割合《わりあい》を③（ア　大きく　イ　小さく）した方がいいよ。

問題は，5ページに続く

家のアジサイにミョウバンの水よう液を使ったなつみさんは，さいばい委員会で育てているアジサイにもミョウバンの水よう液を使ってみようと考え，先生に相談し，学校の理科室にある水よう液を使うことにしました。理科室には，試験管の中に，授業で使う「ミョウバンの水よう液」，「うすい塩酸」，「炭酸水」，「うすいアンモニア水」，「食塩水」，「石灰水」が準備されていましたが，ラベルがつけられていませんでした。

そこで，なつみさんは先生といっしょに，**図3**のように，Ⓐ，Ⓑ，Ⓒ，Ⓓの４回の実験や観察をもとに六つの水よう液を区別しました。

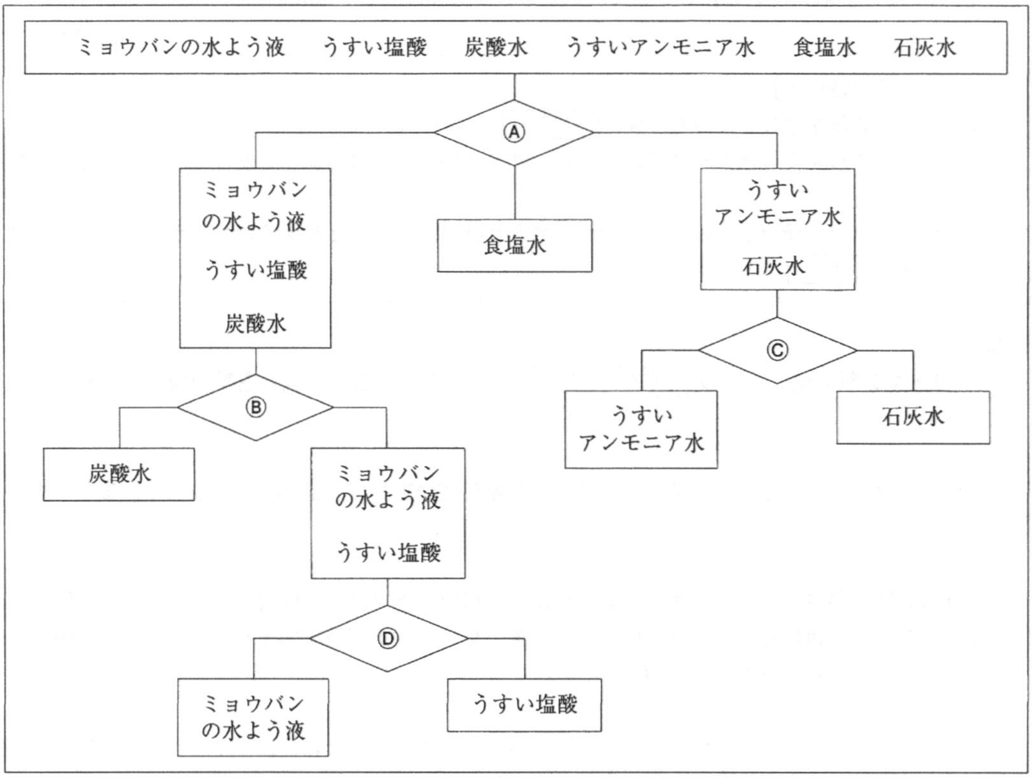

図3

なつみさんは，まず，六つの水よう液が酸性，中性，アルカリ性のどれであるのかを調べるために，Ⓐでは次のような実験をもとに区別しました。

> **【なつみさんの実験および区別方法】**
> Ⓐでは，BTB 液を加えて区別する。
> BTB 液を加えて黄色を示すのは，ミョウバンの水よう液とうすい塩酸，炭酸水，緑色を示すのは，食塩水，青色を示すのは，うすいアンモニア水と石灰水である。

※BTB 液とは，水よう液が酸性，中性，アルカリ性のどれであるのかを調べることができる液体のこと。

（4）次になつみさんは，Ⓑでは見た目で炭酸水と他の二つの水よう液を区別しました。他の二つの水よう液にはない，炭酸水だけの見た目の特ちょうを書きなさい。

（5）なつみさんは，Ⓒ，Ⓓでどのような実験や観察を行い，水よう液を区別したでしょうか。【なつみさんの実験および区別方法】のⒶを参考に，Ⓒ，Ⓓのそれぞれについて説明しなさい。

令和５年度(2023年度)
熊本県立中学校入学者選抜

適性検査問題Ⅰ

【10：00 ～ 10：50】

注　意

1　「はじめ」の合《あい》図《ず》があるまでは，適性検査問題Ⅰを開いてはいけません。

2　適性検査問題Ⅰは [1] ～ [2] で，６ページまであります。

3　解答用紙は２枚あり，適性検査問題Ⅰの中にはさんであります。取り出して使用しなさい。

4　解答用紙（その１）は，適性検査問題Ⅰの [1] の解答用紙，解答用紙（その２）は，適性検査問題Ⅰの [2] の解答用紙です。

5　「はじめ」の合図があったら，まず，受検番号を適性検査問題Ⅰ及び解答用紙（その１），（その２）のそれぞれの受検番号らんに書きなさい。

6　答えは，すべて解答用紙（その１），（その２）に書きなさい。

7　「やめ」の合図があったら，すぐに筆《ひっ》記《き》用具を置き，適性検査問題Ⅰの上に解答用紙（その１）を，その上に解答用紙（その２）を裏《うら》返しにして置きなさい。

8　適性検査問題Ⅰは，持ち帰ってもかまいません。

受検番号	

1 はるきさんたちは、総合的な学習の時間のオリエンテーションの授業で「課題の見つけ方や作り方」について考えています。その中で先生に紹介された次の【文章】を読みました。よく読んであとの問いに答えなさい。

【文章】

「昆虫《こんちゅう》について知っているか」「昆虫とはどういうものですか」と問うと多くの学生がまず間違《まちが》いなく「知っている」と言い、「頭・胸《むね》・腹《はら》に分かれていて、脚《あし》が6本の生き物です」と答えます。

（中略）

ほとんどは昆虫の(注)定義的「知識」を持っているだけなのですが、昆虫について「知ってるつもり」でいます。(注)翅《はね》や各部の働き、(注)近縁《きんえん》の動物との関係など、ほとんど知らないのですが「昆虫について知っている」と思い込《こ》んでいます。周辺知識がほとんどないまま、定義だけを保持して、「知ってる」と思い込んでいるのです。これが「知ってるつもり」の特徴《とくちょう》のひとつです。逆に、周辺知識がある場合には、知らない領域《りょういき》が①存在《そんざい》することに気づきやすい。したがって、「知識」のある方が「知ってるつもり」にはならないのが普通《ふつう》です。孤立《こりつ》した知識を実際に使用することもなく、孤立したままに保持している場合に「知ってるつもり」になりやすいようなのです。②知識が少なく孤立していると「知ってるつもり」になりやすく、知識が孤立しないでAホウフにあるようだと「知ってるつもり」になりにくいというのは、奇妙《きみょう》に聞こえるかもしれませんが、次のように考えれば整理できるのではないかと思います。

いま、日本の47都道府県名と県庁《けんちょう》所在地を憶《おぼ》えなければならないとします。10セット憶えれば残りは37ですし、40セット憶えれば残りは7です。憶えれば憶えるほど残りは少なくなっていきます。このような知識を対象にしていれば、知ってれば知ってるほど知らないことは減っていきますし、最後には知らないことがなくなります。

こういう場合には、知ってることが少なければ、知らないことは多いことになります。知ってることが多ければ、知らないことは少なくなります。しかし、こういう関係が成立するのは、対象にしている知識が(注)人為《じんい》的に限られたものだからです。（中略）

同じ各都道府県に関することでも、気候や産物といった実際的な細かい領域に入っていけば、事態はまったく違《ちが》ってきます。

リンゴの産地の1、2、3位は青森県、長野県、岩手県ですが、なぜ青森・岩手から離《はな》れた長野が2位なのか、青森のリンゴの産地は、岩手県のある太平洋岸ではなく、なぜ(注)弘前《ひろさき》を中心にした日本海側に集中しているのか、低温が重要なら西洋リンゴが最初にBドウニュウされた北海道はなぜ生産量が多くないのか、などなどわからないこと知らないことがいくらでも出てきます。

こういう場合には、知れば知るほどわからないことが起こりやすくなるのです。その理由は簡単《かんたん》です。獲得《かくとく》した知識、知ってる知識を使って、その周辺にスポットライトを当てるからです。そういうことであれば、そして知識の使用の仕方がそのようであれば、知識が多いほどわからないことは起こりやすく、わからないことは増えることになります。「知らない」とか「わからない」といった事態は、所有している「知ってる」知識のすぐそばで起きるのです。「知ってる」知識を活用して「知らない」状態や「わからない」状態になれるわけです。

そして、その外側には、「考えたことのない、わからないとも思ったことのない」世界が広がっているのです。(注)模式図《もしきず》的に表せば図のようになろうかと思います。

図(注)「既知《きち》」と「わからない」と「ア」の関係

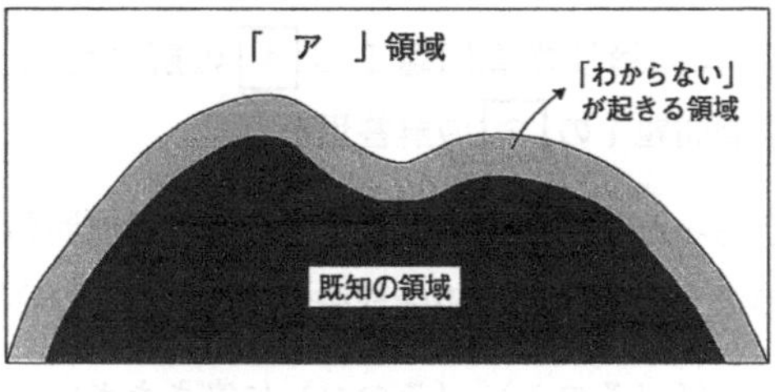

「考えたことのない、わからないとも思ったことのない」領域を、「知らない」領域に含《ふく》め、しかも知識世界全体を有限のものと見なすと、「知れば知るほど知らないことが減る」という考えになります。しかし、知った知識を使ってわからなくなるというのが現実ですから、図を受け入れて、③知れば知るほど知らないことが増えると見なすのが(注)妥当《だとう》ではなかろうかと思います。

（西林克彦「知ってるつもり　『問題発見力』を高める『知識システム』の作り方」光文社新書による。一部省略がある。）

（注）○定義的＝ある物ごとの意味をはっきり決めるような。
○翅＝昆虫のはね。
○近縁＝分類上、近い関係にあること。
○人為的＝人の力でするような。また、人の手をくわえるような。
○弘前＝青森県にある市。
○模式図的＝事物の典型的な形式を示した図のような。
○妥当＝実態によくあてはまり、むりがなく正しいこと。
○既知＝すでに知られていること。もうわかっていること。

問題1　〰線部A「ホウフ」、〰線部B「ドウニュウ」を、それぞれ漢字に直して書きなさい。

問題2　――線部①「存在する」の主語を、次のア～エから一つ選び、記号で答えなさい。

ア　逆に　　イ　周辺知識が　　ウ　場合には　　エ　領域が

問題3　――線部②「知識が少なく孤立している」について、筆者が述べている「知識が孤立している」とはどのようなことですか。次の文章の□に入るふさわしい内容を「使用」「対象」という二つの言葉を使って、三十字以上、四十字以内で書きなさい。

> 昆虫や、47都道府県名と県庁所在地の例のように、□こと。

問題4　はるきさんは、先生に紹介された【文章】を読んで、ゆかりさんと話し合いをしました。

> はるき　わたしは、【文章】中の図を見て、わたしたちがすでに知っている知識の周辺に「わからない」が起きる領域があって、その外に「　ア　」領域があることがよくわかったよ。ゆかりさんはどう考えたかな。
>
> ゆかり　わたしは、【文章】中の「知れば知るほど知らないことが増える」ことについて、社会の授業で考えたことがあると思ったよ。日本の工業について学習したときに、【文章】で説明してあるリンゴの産地の例のように、【資料1】【資料2】【資料3】を見てそれぞれ結びつけたとき、［　イ　］という疑問《ぎもん》が出てきたよ。
>
> はるき　【文章】中にある「獲得した知識と知ってる知識を使った」から、ゆかりさんの疑問が出てきたんだね。

【資料1】輸送用機械の都道府県別出荷額の割合（2019年）

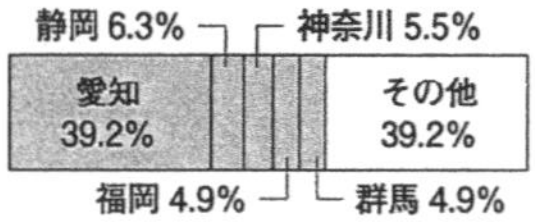

※輸送用機械とは，自動車などのこと。
（経済産業省資料より作成）

【資料2】自動車専用船で自動車が出荷されるようす

【資料3】日本の都道府県を示した地図

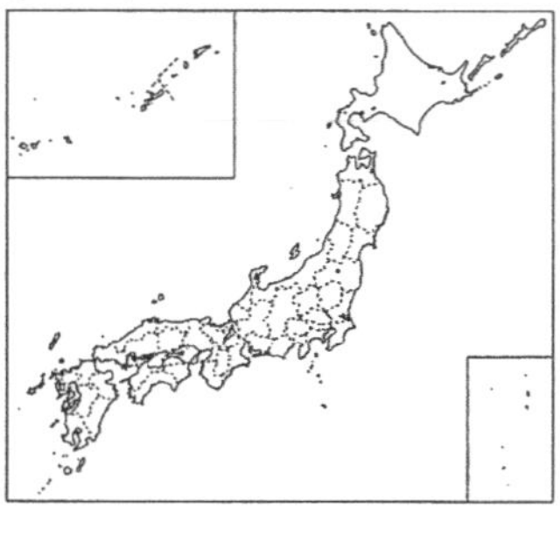

（1）「　ア　」に当てはまる言葉を、【文章】中から「わからない」という五字の言葉をふくめた十五字でぬきだしなさい。

（2）［　イ　］は――線部③「知れば知るほど知らないことが増える」の具体例の一つです。【資料1】【資料2】【資料3】を結びつけて、［　イ　］に入るふさわしい内容を書きなさい。

問題は、3ページの問題5に続く

問題５　筆者の考える「知ってるつもり」ということについて、あなたが考えたことを書きなさい。（あとの〈条件〉にしたがって書くこと。）

〈条件〉
○自分の考えを述べるときは、文章の内容にふれながら、これまでの自分をふり返って、今後の自分にいかしたいことを具体的に書くこと。
○百八十字以上、二百字以内で書くこと。
○解答用紙の◆の印から書き始め、段落は変えないこと。

このページに問題はありません。

資料２　エネルギー国内供給《きょうきゅう》量

（単位：原油換算《かんさん》 万kL）

種類＼年	1998年	2003年	2008年	2013年	2018年
石油	28882.2	28184.3	24110.4	23250.0	19135.4
石炭	9334.0	11859.3	12757.2	13694.9	12777.7
天然ガス	7220.2	8552.5	10010.1	12650.5	11646.5
再生可能エネルギー	689.5	794.7	1042.1	1383.9	2647.9
水力	2045.2	2133.2	1726.3	1754.6	1779.8
原子力	7740.2	5404.6	5774.3	205.6	1427.2
その他	1006.6	1141.4	1130.0	1429.1	1513.5
合計	56917.9	58070.0	56550.4	54368.6	50928.0

※原油換算とは，エネルギーの種類によらず，原油の単位におきかえること。

※再生可能エネルギーとは，太陽光や風力など自然の力を利用するエネルギーのこと。

※統計処理《しょり》の関係で，合計を調整している。

（資源エネルギー庁《ちょう》「総合エネルギー統計」より作成）

資料３　石油，石炭，天然ガスの可採《かさい》年数（2018年末）

石油	石炭	天然ガス
約50年	約132年	約51年

※可採年数とは，今後採ることが可能と予想される期間。

（資源エネルギー庁資料より作成）

資料４　温室効果ガスの排出《はいしゅつ》量の割合《わりあい》（2018年度）

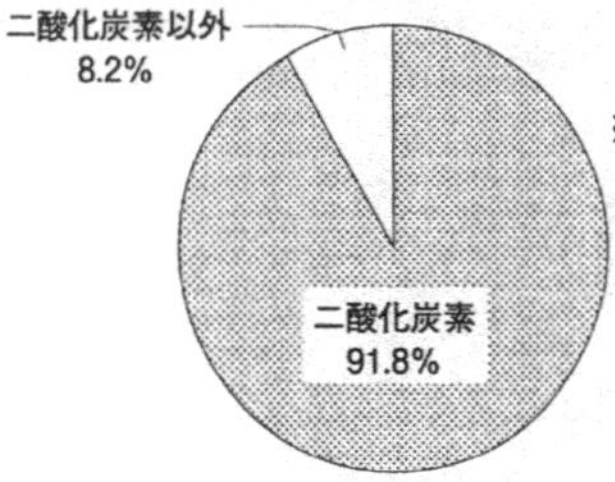

※温室効果ガスとは，大気中にふくまれる二酸化炭素などの気体のことで，大量に排出されると，地球の気温が上昇《じょうしょう》する「地球温《おん》暖化《だんか》」につながる。

（環境省資料より作成）

資料５　家庭からの二酸化炭素排出量の割合（2018年度）

使用内容	割合
照明，冷蔵庫《れいぞうこ》，掃除機《そうじき》，テレビなどの家電製品	31.0%
自動車	25.7%
暖房《だんぼう》	15.7%
給湯※	13.7%
調理	5.1%
冷房《れいぼう》	3.0%
その他	5.8%

※給湯とは，湯をわかして，供給すること。

（環境省資料より作成）

問題２

（1）資料２から分かることとして正しいものを，次のア～エから一つ選び，記号で答えなさい。

ア　1998年から2018年までの間で，原子力のエネルギー国内供給量は減り続けている。

イ　2018年のエネルギー国内供給量全体にしめる再生可能エネルギーの割合は，５％以下である。

ウ　1998年と比べて2018年では，エネルギー国内供給量全体にしめる石炭の割合は高くなっている。

エ　1998年と比べて2018年では，石油のエネルギー国内供給量が半分以下になっている。

（2）日本のエネルギー供給にはどのような課題があると考えられますか。資料２，資料３，資料４から読み取れることをふまえて書きなさい。

あき「熊本県では，『2050年県内CO_2（二酸化炭素）排出実質ゼロ（ゼロカーボン）』に向けた取り組みを行っているそうだよ。」

けん「『ゼロカーボン』とは何だろう。」

あき「『ゼロカーボン』というのは，日常生活をはじめ，ものをつくる会社や工場の活動で排出される二酸化炭素を可能な限り減らして，それでも残る二酸化炭素は森林などによって吸収《きゅうしゅう》し，排出量をゼロにするというものらしいよ。」

けん「わたしたち個人はもちろん，ものをつくる会社や工場も家庭からの二酸化炭素排出量を減らすための取り組みができると思うよ。」

（3）資料５を見て，家庭からの二酸化炭素排出量を減らすことを目指して，あなたができる取り組みを三つ，会社や工場ができる取り組みを一つ，具体的に書きなさい。

2 あきさんとけんさんは，「持続可能な社会」について話をしています。次の会話文を読んで，あとの問いに答えなさい。

> あき「『持続可能な社会』の実現のためには，地域《ちいき》を支える人の存在《そんざい》が重要だよね。」
> けん「熊本県の人口はどのように変化してきたのかな。」
> あき「人口に変化があると，地域にどのようなえいきょうがあるのかな。わたしたちの住む地域についても課題が見つかるかもしれないね。」
> けん「課題が見つかったら，解決するためにはどうすればいいのかな。」

二人は，熊本県の人口の移り変わりについて調べ，**資料1**を見つけました。

資料1　熊本県の人口の移り変わり

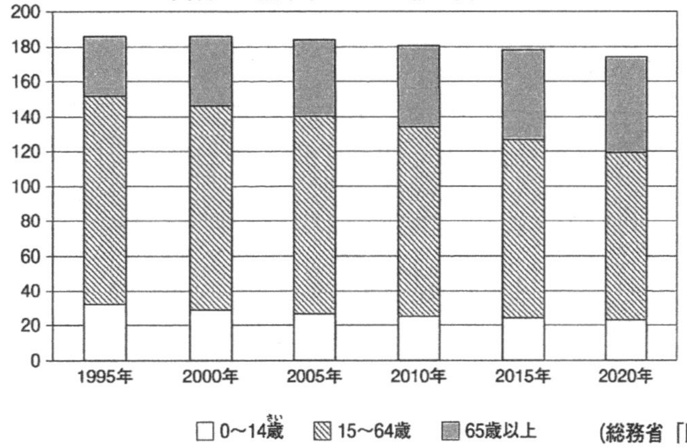

(総務省「国勢調査」より作成)

問題1

（1）資料1を見て，熊本県全体の人口の移り変わりと0～14歳，15～64歳，65歳以上の人口の移り変わりについて読み取れることを，それぞれについて書きなさい。

（2）資料1のような人口の移り変わりが続いていくと，今後どのようなことが課題になると考えられるか，15～64歳の人口の移り変わりに着目して書きなさい。

（3）二人は，課題を解決する方法の一つとして，市役所および町村役場や市町村議会に住民の要望を実現させる働きがあることを学習しました。

そこで，二人は住民の要望が実現されるまでの流れの例を図1のようにまとめました。図1の①～④に入る内容を次のア～エからそれぞれ一つずつ選び，記号で答えなさい。

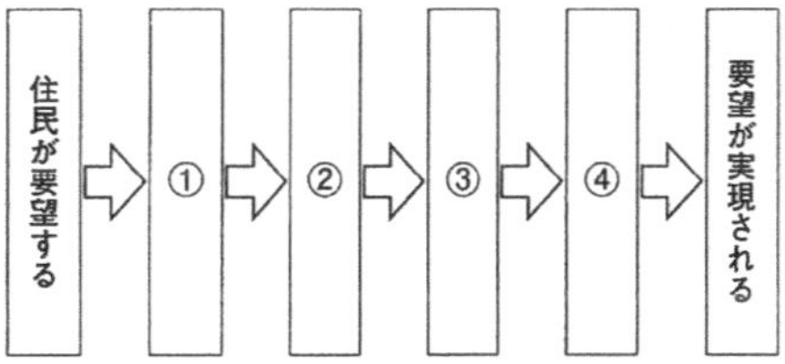

図1　要望が実現されるまでの流れの例

ア　市役所および町村役場は，市町村議会に予算案を提出する。
イ　市町村議会は，予算案について議決を行う。
ウ　市役所および町村役場は，住民や外部の方々の意見を聞きながら計画を立て，その費用について予算案を作成する。
エ　市町村議会は，予算案について話し合いを行う。

> けん「社会の授業では，未来のことも考え，環境《かんきょう》にも配りょした『持続可能な社会』をめざすことが求められているって学習したね。」
> あき「日本の工業について学習したから，日本のエネルギーや資源《しげん》，環境について調べてみよう。」

日本のエネルギーや資源，環境について調べた二人は，**資料2**，**資料3**，**資料4**，**資料5**を見つけました。

令和５年度(2023年度)
熊本県立中学校入学者選抜

適性検査問題Ⅱ

【11：15 ～ 12：05】

注　　意

1　「はじめ」の合図《あいず》があるまでは，適性検査問題Ⅱを開いてはいけません。

2　適性検査問題Ⅱは[1]～[2]で，５ページまであります。

3　解答用紙は３枚あり，適性検査問題Ⅱの中にはさんであります。取り出して使用しなさい。

4　解答用紙（その１），（その２）は，適性検査問題Ⅱの[1]の解答用紙，解答用紙（その３）は，適性検査問題Ⅱの[2]の解答用紙です。

5　「はじめ」の合図があったら，まず，受検番号を適性検査問題Ⅱ及び解答用紙（その１），（その２），（その３）のそれぞれの受検番号らんに書きなさい。

6　答えは，すべて解答用紙（その１），（その２），（その３）に書きなさい。

7　「やめ」の合図があったら，すぐに筆記《ひっき》用具を置き，適性検査問題Ⅱの上に解答用紙（その１）を，その上に解答用紙（その２）を，その上に解答用紙（その３）を裏《うら》返しにして置きなさい。

8　適性検査問題Ⅱは，持ち帰ってもかまいません。

受検番号	

1　次の各場面におけるそれぞれの問題に答えなさい。

問題１　たかしさんたちは，体験活動で収《しゅう》かくした米を使って，おにぎりを作ることになりました。米150ｇをたくとご飯330ｇができます。

（１）たいたご飯の重さは，米の重さの何倍になるか求めなさい。

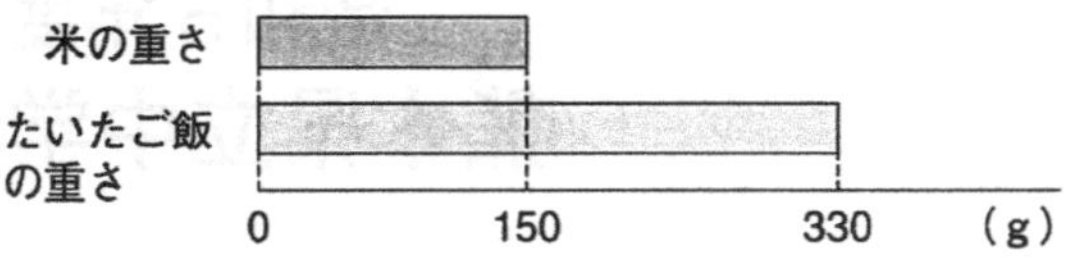

たかしさんたちは，たいたご飯で１個あたりの重さ90ｇのおにぎりを220個作ることになりました。そのために必要な米の重さを考えています。

たかし「たいたご飯の重さが米の重さの何倍になっているか分かったから，おにぎりを220個作るために必要な米の重さも分かるね。」
ゆうこ「米１ｇあたりのたいたご飯の重さを調べてから求める方法もあると思うよ。」
けんた「ほかにも，この前学習した，『比』を使って求めることもできそうだよ。」

（２）たかしさんたちが必要な米の重さは何kgになるか求めなさい。また，言葉や式などを使って求め方もかきなさい。

問題２　さとるさんのクラスでは，図画工作の授業で，トイレットペーパーのしん（図１）を使ってペン立てを作ります。使用するトイレットペーパーのしんはすべて同じ大きさで，真上から見ると半径２cmの円（図２）です。このトイレットペーパーのしんをとなり合うしん同士がくっつくようにして，外側をテープで１周巻《ま》いて固定した後，かざりをつけていきます。ただし，テープは最短の長さで固定します。

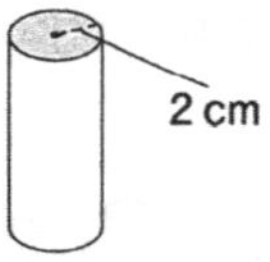

図１

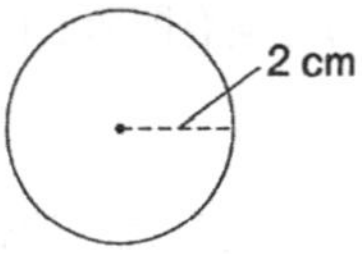

図２

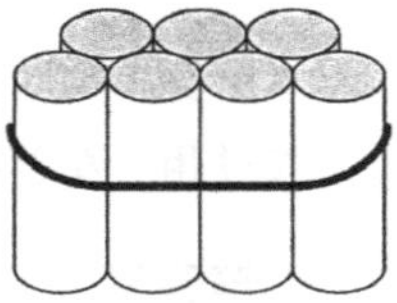

図３

さとるさんは，７本のトイレットペーパーのしんを使って，ななめ上から見ると図３，真上から見ると図４のようになるペン立てを作りたいと考えました。その場合，ペン立ての外側を固定するテープの長さは，最低何cm必要になるか，ゆかりさんと考えています。

ただし，トイレットペーパーのしんの厚さは考えないものとします。また，図４の７つの点A，B，C，D，E，F，Gは円の中心を表します。

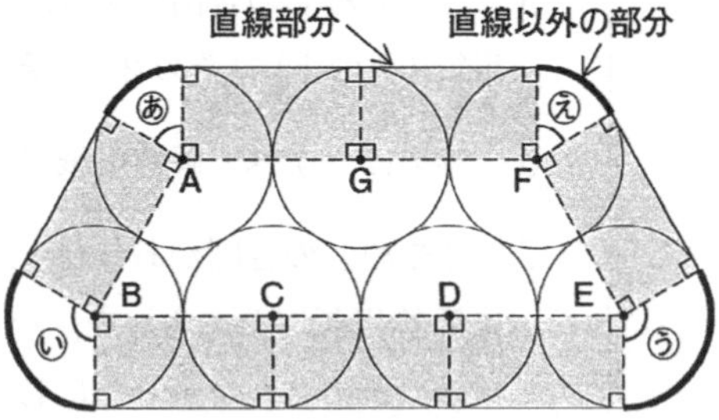

図４

さとる「ペン立ての外側を固定するテープを，直線部分（――）と直線以外の部分（━━）に分けて考えてみよう。」
ゆかり「先生から，図４の７つある はすべて合同な長方形で，７つの点A，B，C，D，E，F，Gはすべて長方形 の頂点だと聞いたよ。ABの長さは，半径が２cmの円の半径２つ分だから，直線部分（――）の長さの合計は［ア］cmだね。」
さとる「直線以外の部分（━━）は，まず図４のあ，い，う，えの角の大きさを求めてみよう。」

（１）ア に当てはまる直線部分（――）の長さの合計を求めなさい。

（２）図４のあ，い，う，えの角の大きさをそれぞれ求めなさい。また，言葉や式などを使って求め方もかき，解答用紙の図４には説明のために必要な線をかき入れなさい。

（３）図４のあ，い，う，えの角の大きさを求めた二人は，直線以外の部分（━━）をあわせた長さは半径２cm の円の円周の長さと等しくなると考えました。そのように考えた理由を，言葉や式などを使って説明しなさい。

問題３　さくらさんの学校では，６年生と先生でお別れの会を体育館で行います。さくらさんとひろとさんはお別れの会に向けて，長机《ながづくえ》やいすの数を考えています。

さくら「長机１台に，いすを２きゃく並《なら》べるといいね。」
ひろと「例えば長机を縦《たて》１台，横１台の長方形になるように並べると，いすは８きゃく並べることができるね（図５）。」
さくら「長机の数を増やすときは，できるだけいすの間かくを空けるために，いすを２きゃく並べた長机のとなりの長机にはいすを１きゃく，そのとなりの長机にはいすを２きゃく並べるようにしようよ。」
ひろと「そうだね。長机を縦３台，横２台の長方形になるように並べて，向かい合う長机には同じ数のいすを並べると，いすは16きゃく並べることができるね（図６）。」

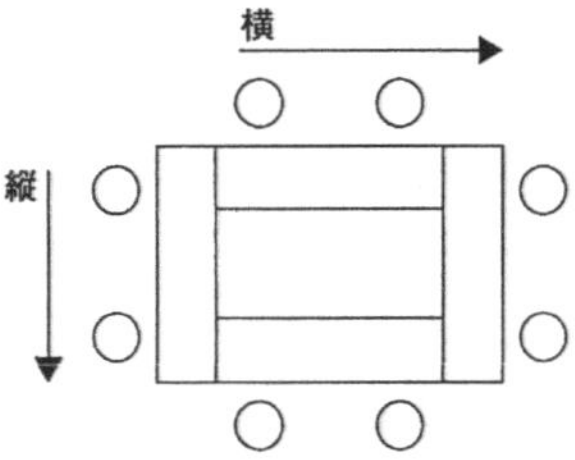
横
縦

図５　長机を縦１台，横１台の長方形に並べた並べ方

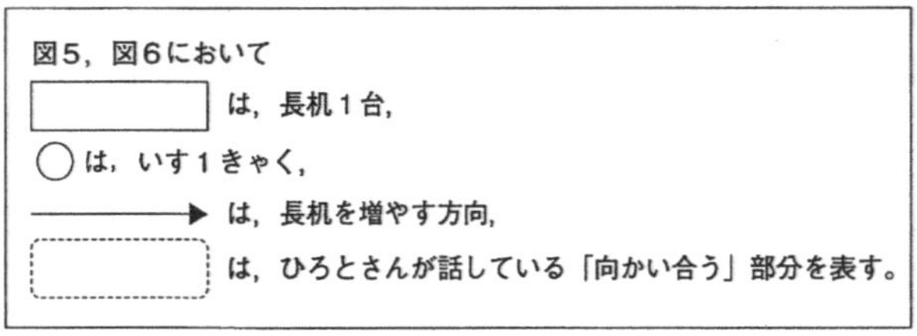
図５，図６において
は，長机１台，
は，いす１きゃく，
は，長机を増やす方向，
は，ひろとさんが話している「向かい合う」部分を表す。

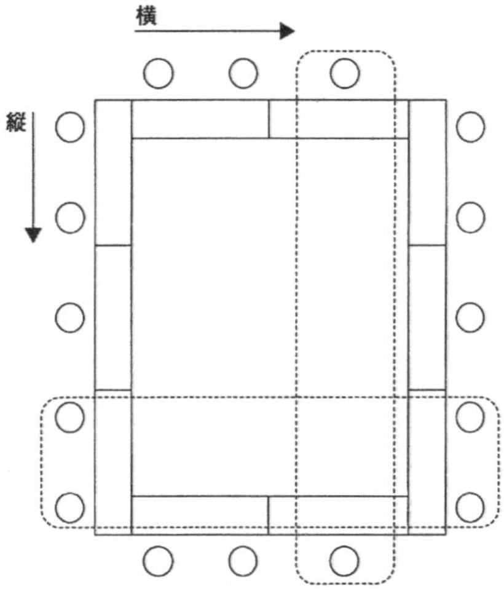
横
縦

図６　長机を縦３台，横２台の長方形に並べた並べ方

（１）二人が考えた並べ方で長机を縦２台，横４台の長方形になるように並べるとき，いすは何きゃく並べることができるか求めなさい。

　お別れの会には46人が参加します。全員座《すわ》ることができるように長机を長方形になるように並べようと思います。

（２）二人が考えた並べ方で長机を縦６台の長方形になるように並べようと考えています。空いているいすがなく46人全員が座ることができるようにするためには，長机を縦６台，横何台の長方形になるように並べればよいか求めなさい。また，言葉や式などを使って求め方もかきなさい。

2 けんとさんとなつみさんは，小学校の体育館で行われている「おもしろ科学実験教室」に向かっています。

けんと「雨が降《ふ》ると，家の庭に水たまりができてしまって困《こま》っているよ。」
なつみ「水のしみこみ方が関係しているよね。今から行く実験教室で，そのことについて話が聞けたり，実験ができたりするといいね。」

「おもしろ科学実験教室」では，さまざまな実験が行われており，二人が話をしていた「水のしみこみ方」についての実験コーナーもありました。

実験コーナーには，「校庭の土」，「砂場《すなば》の砂」，「砂利《じゃり》」が用意されていました。二人は，「校庭の土」，「砂場の砂」，「砂利」を観察し，つぶの大きさについて**表1**にまとめました。

表1

	校庭の土	砂場の砂	砂利
つぶの大きさ	 小さいつぶが多い。	 いろいろな大きさのつぶがまじっている。	 大きいつぶが多い。

二人は，観察した後，**図1**のような装置《そうち》を使って，切ったペットボトルの中に「校庭の土」，「砂場の砂」，「砂利」を入れ，その上から水を注ぎ入れて，水のしみこみ方とビーカーに出てくる水のようすと量を比べる実験をしました。

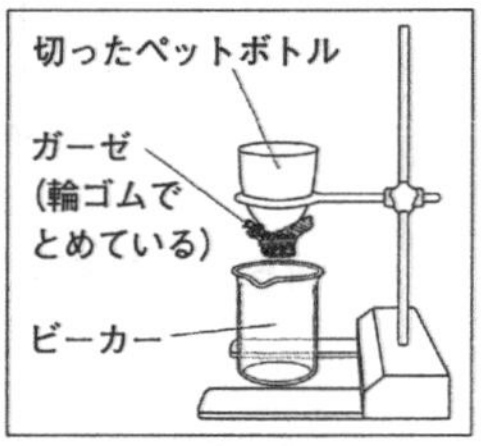

図1

問題1

（1）図1の装置に入れる土のようすと量について，次の①，②の（　）の中から適当なものをそれぞれ一つずつ選び，記号で答えなさい。

【校庭の土の場合】
①（ア　しめった　イ　かわいた）校庭の土を，切ったペットボトルの②（ア　半分　イ　一番上）の高さまで入れ，その上から水150mLを注ぎ入れる。

二人は，「砂場の砂」，「砂利」についても同じように実験を行い，その結果を**表2**にまとめました。

表2

校庭の土	砂場の砂	砂利
○水はゆっくりとしみこみ，注ぎ終わってから土の上に少し水がたまっていた。 ○水を注ぎ終わってしばらくたって1てきずつ水が出てきた。 ○水が出てこなくなった後，ビーカーにたまった水の量を調べると，62mLだった。	○水はゆっくりとしみこんだ。 ○水を注いでいるとちゅうから水が出てきた。 ○水が出てこなくなった後，ビーカーにたまった水の量を調べると，110mLだった。	○水はすぐにしみこんだ。 ○水を注ぎ始めてすぐに水が出てきた。 ○水が出てこなくなった後，ビーカーにたまった水の量を調べると，136mLだった。

適性検査問題Ⅰ解答用紙（その1）

※80点満点

受検番号

1

問題1	
A	B

2点×2

問題2

2点

問題3

6点

	(2)		8点
	(3)	あなたができる取り組み	9点
		会社や工場ができる取り組み	3点

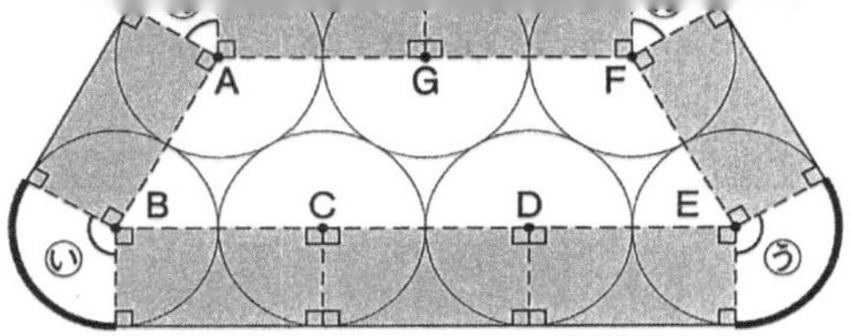

求め方

（3） 理由

4 点

	記号（　　　　）	6点
	説明	
(3)	式 答え（　　　　　　）個	3点×2
(4)		5点

受検番号	

適性検査問題Ⅱ解答用紙（その3）

2

問題１	(１)	①		②		完答４点
	(２)	校庭の土　・　砥場の砂　・　砂利				４点
		理由				
	(３)	校庭の土　・　砂場の砂　・　砂利				６点
		理由				
問題２	(１)	面Ａ	（　　　）極	面Ｂ	（　　　）極	完答３点
	(２)	記号（　　　）				６点

【解答

受検番号	

適性検査問題Ⅱ解答用紙（その２）

1

問題３	（１）	（　　　　　）きゃく	４点
	（２）	縦６台，横（　　　　　）台の長方形	８点
		求め方	

受検番号	

適性検査問題Ⅱ解答用紙（その１）

※80点満点

1

問題１	（１）	（　　　　　　）倍	４点
	（２）	（　　　　　　）kg	８点
		求め方	
問題２	（１）	（　　　　　　）cm	２点

【解答

受検番号	

適性検査問題Ⅰ解答用紙（その２）

2

問題１	（１）		６点
	（２）		６点
	（３）		完答４点

問題 5

◆の印から書き始め、段落は変えないこと。

◆

200 180 20点

問題 4

(2) (1)

15 3点

5点

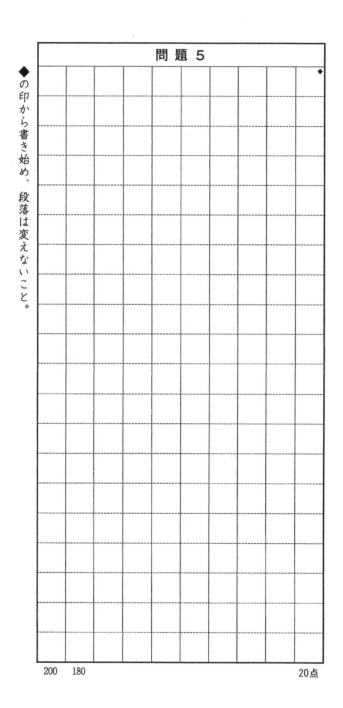

けんと「つぶの大きさがちがうと，水のしみこみ方にもちがいが出るね。」
なつみ「水たまりができにくいようにするためには，［ア］をしくのが一番いいと思う。」
けんと「そういえば，森林は水をたくわえることができるから『緑のダム』とよばれていることを社会の授業で学習したよ。森林が水をたくわえるはたらきには，木や草の根が水を吸《す》うことのほかに，森林の土も関係しているらしいよ。今回の実験の結果から，それが分かったよ。」

（２）表２をもとに，二人の会話の［ア］に入る最も適当な言葉を，解答用紙の「校庭の土」，「砂場の砂」，「砂利」から一つ選び，丸で囲みなさい。また，選んだ理由も書きなさい。

（３）森林が「緑のダム」と呼ばれるのは，森林の土が水をたくわえることもその理由の一つです。表２をもとに，森林の土のはたらきに似ているものを，解答用紙の「校庭の土」，「砂場の砂」，「砂利」から一つ選び，丸で囲みなさい。また，選んだ理由も書きなさい。

次に，二人は，「磁石《じしゃく》のふしぎ」についての実験コーナーに行きました。そこで，実験教室の先生から丸形磁石について教えてもらいました。

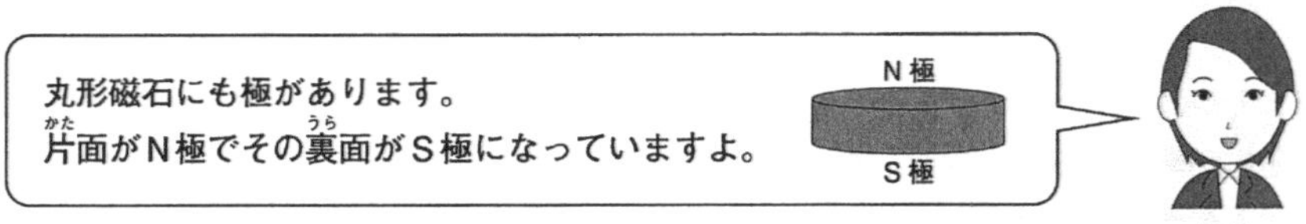

二人は，図２のような丸形磁石を８個つなげたものを使って，極について調べてみることにしました。図３のように５個の方位磁針《じしん》を並《なら》べ，［　　］の部分に丸形磁石を置きました。その結果，図４のようになりました。

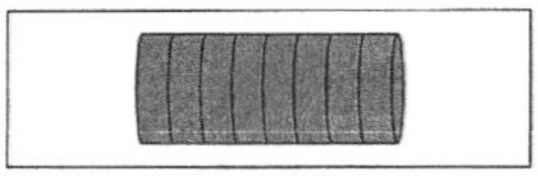
図２

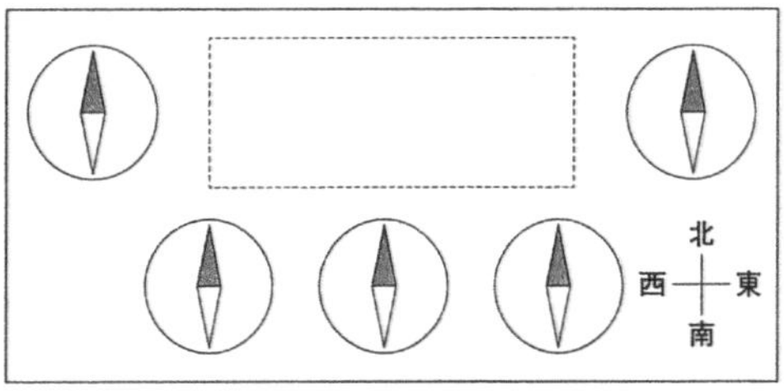

図３　丸形磁石を置く前

問題２
（１）図４の丸形磁石の面Ａと面ＢはＮ極，Ｓ極のどちらになるか，それぞれ答えなさい。

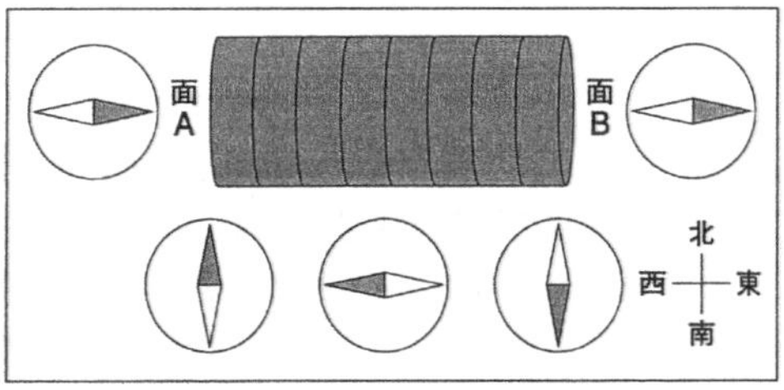

図４　丸形磁石を置いた結果

問題は、５ページに続く

(2) 二人は，方位磁針を使わないで面Aと面BのどちらがN極で，どちらがS極になるかを確かめる実験を考えました。次のア～カから適当な実験方法を二つ選び，記号で答えなさい。また，その実験が磁石のどのような性質を利用したものか，それぞれ説明しなさい。

ア　面Aまたは面Bを鉄のかんとアルミニウムのかんに近づける。

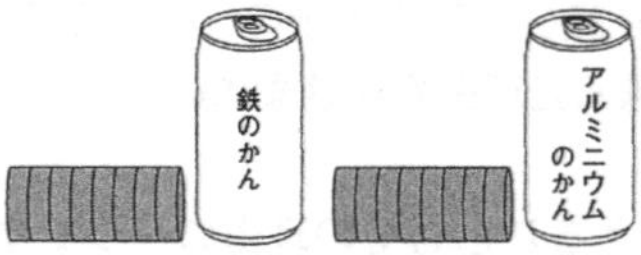

イ　面Aまたは面Bをビーカーの中に入れた鉄のクリップに近づける。

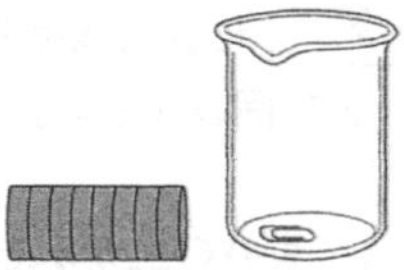

ウ　棒磁石を面Aまたは面Bに近づける。

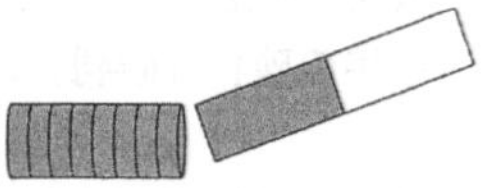

エ　面Aまたは面Bで鉄くぎを同じ方向にこする。

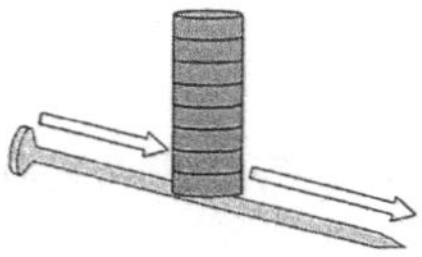

オ　発ぽうスチロールの皿にのせて水にうかべる。

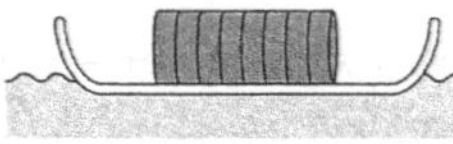

カ　磁石に電流を流す。

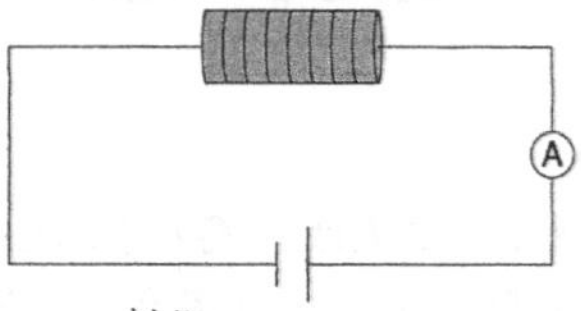

※Ⓐは簡易《かんい》検流計を表す。

丸形磁石をつなげたものの極について調べた二人は，丸形磁石について，つなげた数と鉄を引きつける力が関係するのか疑問《ぎもん》に思い，丸形磁石をつなげたものの片面を鉄のクリップに近づけて，その磁石の力を調べる実験をしました。

二人が実験を行ってみると，思った以上に多くのクリップが引きつけられ，その個数を数えるのに時間がかかってしまいました。そこで，引きつけられたクリップの重さを量る方法で実験を行いました。

実験

① 丸形磁石を5個つなげたものを用意する。
② ①の片面をクリップに近づける（図5）。
③ 電子天びんを使って，片面に引きつけられたクリップすべての重さを量る。
④ ②，③を5回くり返し，引きつけられたクリップすべての重さの平均を求める。
⑤ 丸形磁石を10個つなげたものや15個つなげたものでも同じように調べる。

図5

(3) クリップ10個の重さを量ると2.6gでした。それを使って，実験の結果から引きつけられたクリップの個数を求めました（表3）。つなげた丸形磁石の数が5個のときに引きつけられたクリップの個数（ア）を，式を書いて求めなさい。ただし，クリップの個数は四捨五入《ししゃごにゅう》して，一の位までのがい数で求めなさい。

表3　引きつけられたクリップすべての重さの平均と平均から求めたクリップの個数

つなげた丸形磁石の数	クリップすべての重さの平均（g）	平均から求めたクリップの個数(個)
5個	38.3	(ア)
10個	54.4	209
15個	61.9	238

(4) 「つなげた丸形磁石の数と鉄を引きつける力の関係」について，表3から分かることを説明しなさい。

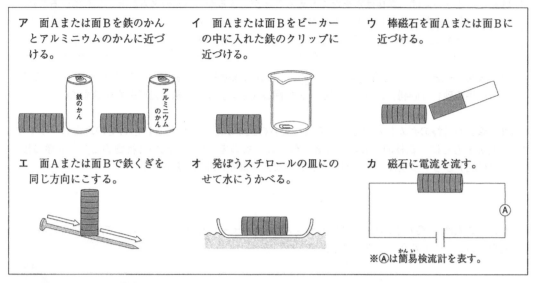

令和４年度（2022年度）
熊本県立中学校入学者選抜

適性検査問題Ⅰ

【10：00 ～ 10：50】

注　意

1　「はじめ」の合図《あいず》があるまでは，適性検査問題Ⅰを開いてはいけません。

2　適性検査問題Ⅰは 1 ～ 2 で，６ページまであります。

3　解答用紙は２枚あり，適性検査問題Ⅰの中にはさんであります。取り出して使用しなさい。

4　解答用紙（その１）は，適性検査問題Ⅰの 1 の解答用紙，解答用紙（その２）は，適性検査問題Ⅰの 2 の解答用紙です。

5　「はじめ」の合図があったら，まず，受検番号を適性検査問題Ⅰ及び解答用紙（その１），（その２）のそれぞれの受検番号らんに書きなさい。

6　答えは，すべて解答用紙（その１），（その２）に書きなさい。

7　「やめ」の合図があったら，すぐに筆記《ひっき》用具を置き，適性検査問題Ⅰの上に解答用紙（その１）を，その上に解答用紙（その２）を裏《うら》返しにして置きなさい。

8　適性検査問題Ⅰは，持ち帰ってもかまいません。

受検番号	

1

ゆうきさんの学級では、総合的な学習の時間で自分の生き方を考えるため、様々な人の生き方や考え方について調べ、伝え合っています。恐竜《きょうりゅう》に興味を持っているゆうきさんは、図書館で「化石ハンター」（小林《こばやし》快次《よしつぐ》著）という【本】を読み、考えたことやさらに調べたことを伝えようとしています。

次の【文章】は、読んだ【本】の中で、ゆうきさんが強く心に残った部分です。よく読んであとの問いに答えなさい。

【文章】

お詫び
著作権上の都合により、文章は掲載しておりません。
ご不便をおかけし、誠に申し訳ございません。
教英出版

（注）○途方もない＝理解しかねるほどの大きさや程度《ていど》。
○無駄足＝行っても何にもならないこと。
○ポジティブ＝積極的であるさま。ここでは前向きの意味。
○相対的＝他との比較《ひかく》において、そうであるさま。

問題１　〰〰線部Ａ「イシキ」、〰〰線部Ｂ「ゼンテイ」のカタカナをそれぞれ漢字で書きなさい。

問題２　――線部①「つまり、楽しくないことを『楽しくする工夫』をしている」と筆者は言いかえていますが、それはどうすることですか。「工夫」という言葉につながるように【文章】中から二十字でぬきだしなさい。

問題３　――線部②「見つかる確率」とありますが、その確率を上げるために筆者がしていることは何ですか。「化石」「設定」という二つの言葉を使って、三十字以上、四十字以内で書きなさい。

問題４　ゆうきさんは、学級での発表のために、次の【発表原稿《げんこう》】と【資料】を作成しました。この【発表原稿】の［ア］、［イ］、［ウ］に入る内容を書きなさい。ただし、アに入るふさわしい内容を十字以内で書き、イは、【文章】中から二十五字でぬきだし、ウは、「発想の転換」という言葉を使って二十字以上、二十五字以内で書きなさい。

【発表原稿】

私は今から、小林快次さんについて伝えます。小林さんは、現在、北海道大学の教授で、世界的にも有名な恐竜学者です。小林さんは、デイノケイルスやカムイサウルス・ジャポニクスの全身骨格《こっかく》を発掘し研究を行っています。この【資料】を見てください（ここで【資料】を示す）。この二つの恐竜は、このようにして発見されましたが、この内容から、二つの恐竜が［ア］場所で生きていたのではないかと考えられます。化石から、恐竜が生きていた環境を想像できることが面白いと思いました。

私は、「化石ハンター」というこの【本】で（ここで【本】を示す）小林さんを知りましたが、その【本】の中で小林さんの仕事に向き合う姿《すがた》が心に残っています。小林さんは、「獲物を見逃さず仕留める能力をもつという意味で『ファルコン・アイ（ハヤブサの目）』と呼ばれています。小林さんは、「ほかの人が探さない場所を歩くことが多い」そうですが、それは、誰も探さないし、人が行かないし、みんながそこに化石はないと思っている場所だからだそうです。しかもそういう場所は、環境として［イ］のですが、だからこそ、あったらすごいものがあると考えているそうです。そうやっていくつも化石を発見した小林さんはすごいと思いました。

小林さんの「楽しさは、自分自身で工夫してつくり出すことができる」という言葉は、言いかえると、「面白くないことでも、［ウ］」ということだと考えました。

【資料】

恐竜の名前	デイノケイルス	カムイサウルス・ジャポニクス
見つけたところ	モンゴル	北海道
発見したときのようす	砂《すな》の下から見つかる。腹部《ふくぶ》から魚の背骨《せぼね》やウロコも発見された。	川の近くのがけ（海の生き物の化石が発見された地層《ちそう》）から見つかる。
体の大きさ	全長11ｍ	全長８ｍ

問題は、３ページの問題５に続く

問題５　【文章】を読んで、小林さんの生き方や考え方に対してあなたが考えたことを書きなさい。（あとの〈条件〉にしたがって書くこと。）

〈条件〉
○筆者の言葉を引用して書くこと。
○自分の考えを述べるときは、そう考える理由を文章の内容にふれながら経験や見聞きしたことをふまえて具体的に書くこと。
○百八十字以上、二百字以内で書くこと。
○解答用紙の◆の印から書き始め、段落は変えないこと。

このページに問題はありません。

あき「オンライン交流会では，熊本県の魅力《みりょく》についても伝えたいね。」
けん「熊本県には，生産量全国一位の農産物があるね。」
あき「輸出される農産物も最近増えているというニュースを見たよ。」
けん「次は，輸出される熊本県の農産物について調べてみよう。」

二人は，輸出される熊本県の農産物について調べ，資料３，資料４，資料５を見つけました。

資料３　熊本県産農産物等の輸出状況（2019年度）　　（単位：千円）

品目／国や地域	米	さつまいも	いちご	なし	牛肉	牛乳《ぎゅうにゅう》	加工品	その他	合計額	前年度と比べた割合
香港《ほんこん》	10711	13198	111830	1985	429845	63929	68834	79133	779465	145％
シンガポール	500	1637	30982	0	216946	1391	28986	8733	289175	118％
台湾《たいわん》	1358	250	250	10588	214721	4928	23350	347	255792	162％
アメリカ	292	0	0	0	36212	0	3914	0	40418	52％
カナダ	0	0	0	0	18015	0	100	0	18115	170％
その他	306	23441	17735	0	29953	2322	7285	17062	98104	230％
合計額	13167	38526	160797	12573	945692	72570	132469	105275	1481069	138％
前年度と比べた割合	57％	245％	300％	74％	127％	153％	126％	158％		

※統計処理《しょり》の関係で合計額を調整している。（熊本県ホームページより作成）

資料４　いちごとさつまいもの輸出に使われる九州の港や空港の割合（2019年）

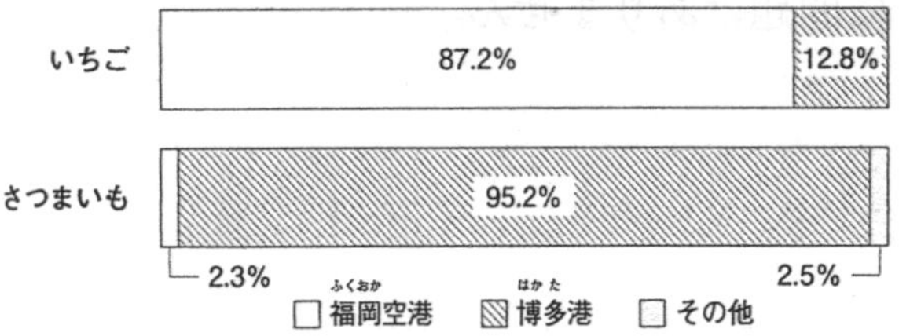

※沖縄県をのぞく。
※熊本県産以外のいちごやさつまいももふくまれる。
（財務省統計資料より作成）

資料５　いちごとさつまいもの最適貯蔵《ちょぞう》条件

品目／条件	貯蔵最適温度	貯蔵最適湿度《しつど》	貯蔵限界（目安）
いちご	0℃	90～95％	7～10日
さつまいも	13～15℃	85～95％	4～7か月

※貯蔵とは，物をたくわえておくこと。

（農業・食品産業技術総合研究機構ホームページより作成）

問題２

（１）資料３から分かることとして正しいものを，次のア～エから一つ選び，記号で答えなさい。

ア　2019年度の熊本県産農産物等で最も輸出額の合計が大きい品目は，いちごである。

イ　2019年度の熊本県産農産物等の香港への輸出額は，輸出額の合計額の約三分の一を占《し》めている。

ウ　2019年度の熊本県産農産物等の輸出状況は前年度に比べ，牛肉の輸出額の合計額が最も増加している。

エ　2019年度の熊本県産農産物等の輸出状況は前年度に比べ，すべての国や地域への輸出額の合計額が増加している。

（２）資料４について，さつまいもと比べていちごを輸出する時の輸送方法の特徴《とくちょう》を書きなさい。また，その理由として考えられることを，資料５から分かることをふまえて書きなさい。

（３）熊本県では，熊本県産農産物等の輸出を推進《すいしん》しています。あきさんとけんさんは，熊本県産農産物等の輸出額を増やすために必要な取り組みについても考え，オンライン交流会で伝えることにしました。資料３から分かることをふまえて，どのような取り組みが必要だと考えますか。あなたの考えを書きなさい。

2 あきさんとけんさんは，海外の小学生とのオンライン交流会の準備をしています。次の会話文を読んで，各問いに答えなさい。

> あき「オンライン交流会では，まず，私たちがくらしている日本の位置を紹介《しょうかい》した方がいいね。」
> けん「地図帳などを使って，調べてみようか。」
> あき「社会科で，緯度《いど》や経度を使って，地球上の位置を表すことも学習したね。」
> けん「じゃあ，さっそく調べてみよう。」

二人は，地図帳などを調べ，**資料１**，**資料２**を見つけました。

資料１　日本の東西南北の端《はし》と排他的経済水域《はいたてきけいざいすいいき》の範囲《はんい》

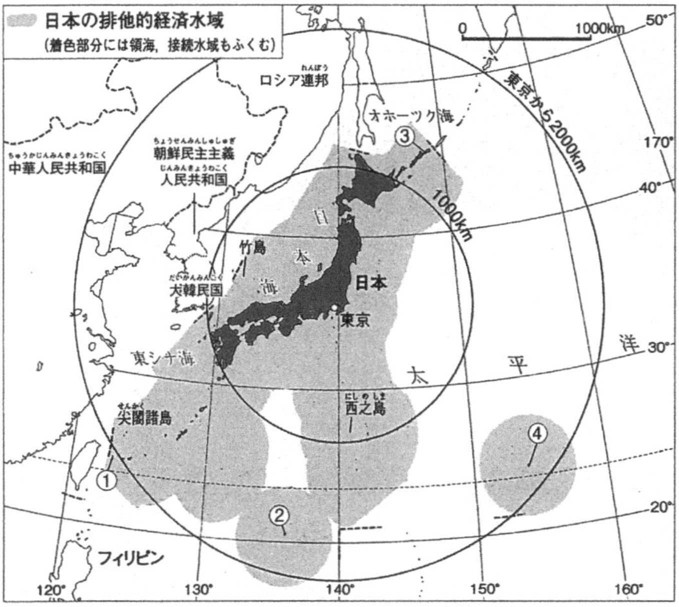

※自国の排他的経済水域では，漁業や海底にある資源《しげん》の開発などをその国が自由に行えます。
※　は，経済水域および大陸棚《だな》に関する法律にしたがってひかれた線です。また，　の一部については関係する近隣諸国《きんりんしょこく》と交渉《こうしょう》中です。

資料２　沖ノ鳥島《おきのとりしま》

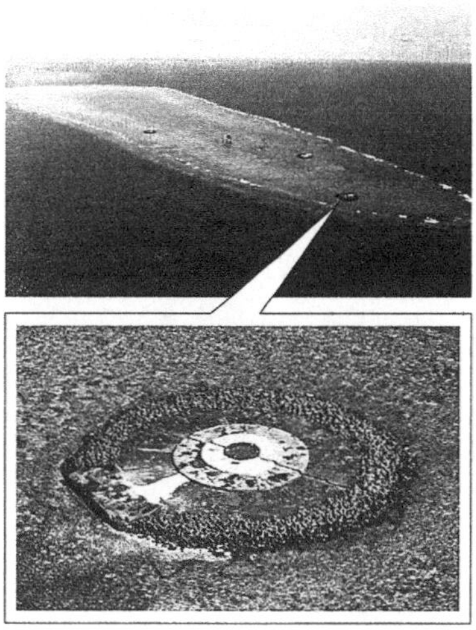

※沖ノ鳥島は，一年を通じて高温な気候であり，台風の通り道でもあるという厳《きび》しい自然条件から，水没《すいぼつ》する恐《おそ》れがあったため，1987(昭和62)年より護岸の設置等の保全工事が実施《じっし》されてきました。

(国土交通省関東地方整備局ホームページより作成)

問題１

(１) 資料１について，日本は，太平洋や日本海などの海に囲まれた島国で，大陸の東に位置しています。この大陸名を書きなさい。

(２) 資料１について，熊本県の位置を示す緯度と経度として最も近いものを，次のア～エから一つ選び，記号で答えなさい。

ア　北緯32°　西経130°　　　イ　北緯32°　東経130°
ウ　南緯32°　東経130°　　　エ　南緯32°　西経130°

(３) 資料２について，沖ノ鳥島は，資料１の①～④のどこに位置するか，番号で答えなさい。また，沖ノ鳥島には，1987(昭和62)年から護岸の設置等の保全工事が実施されてきました。このような取り組みが我《わ》が国にとって重要であると考えられる理由を，資料１から分かることをふまえて書きなさい。

令和４年度(2022年度)
熊本県立中学校入学者選抜

適性検査問題 Ⅱ

【11：15 ～ 12：05】

注　意

1　「はじめ」の合図《あいず》があるまでは，適性検査問題Ⅱを開いてはいけません。

2　適性検査問題Ⅱは 1 ～ 2 で，６ページまであります。

3　解答用紙は２枚あり，適性検査問題Ⅱの中にはさんであります。取り出して使用しなさい。

4　解答用紙（その１）は，適性検査問題Ⅱの 1 の解答用紙，解答用紙（その２）は，適性検査問題Ⅱの 2 の解答用紙です。

5　「はじめ」の合図があったら，まず，受検番号を適性検査問題Ⅱ及び解答用紙（その１），（その２）のそれぞれの受検番号らんに書きなさい。

6　答えは，すべて解答用紙（その１），（その２）に書きなさい。

7　「やめ」の合図があったら，すぐに筆記《ひっき》用具を置き，適性検査問題Ⅱの上に解答用紙（その１）を，その上に解答用紙（その２）を裏《うら》返しにして置きなさい。

8　適性検査問題Ⅱは，持ち帰ってもかまいません。

受検番号	

1 次の各場面におけるそれぞれの問題に答えなさい。

問題１　けい子さんの学年では，熊本県の農産物について調べたことを学習発表会で発表することになりました。そこで，次のような［条件］で計画を立て，リハーサルを行いました。

> ［条件］
> ① 発表グループは９グループとする。
> ② １グループあたりの発表時間は10分間とする。
> ③ グループとグループとの交代時間はどこも同じ時間とする。
> ④ 発表開始時刻《こく》は午後１時30分，発表終りょう時刻は午後３時40分とする。

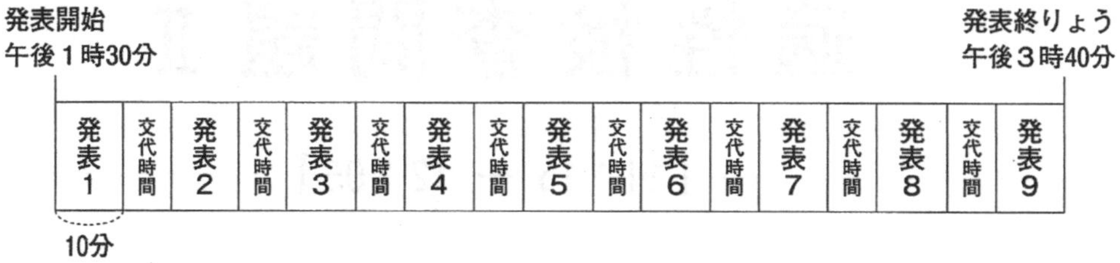

（１）①～④すべての条件に合うようにするためには，それぞれの交代時間を何分にすればよいか求めなさい。

（２）けい子さんたちがリハーサルをしてみたところ，どのグループも交代は２分以内でできることが分かりました。そこで，それぞれの交代時間を２分に変え，各グループの発表後に質問や感想などを述べる交流の時間を設けることになりました。それぞれの交代時間を２分にすると，１回あたりの発表後の交流の時間は何分何秒とることができるか求めなさい。また，言葉や式を使って求め方も書きなさい。

問題２　さくらさんたちは農家の方に協力してもらい，熊本県の農産物を育てる体験をすることになりました。そこで，熊本県の農産物である，すいか，トマト，なす，メロンのどれを育てたいかを調べるために，学年全体にアンケートをとり，アンケートの結果を様々なグラフで表してみました。

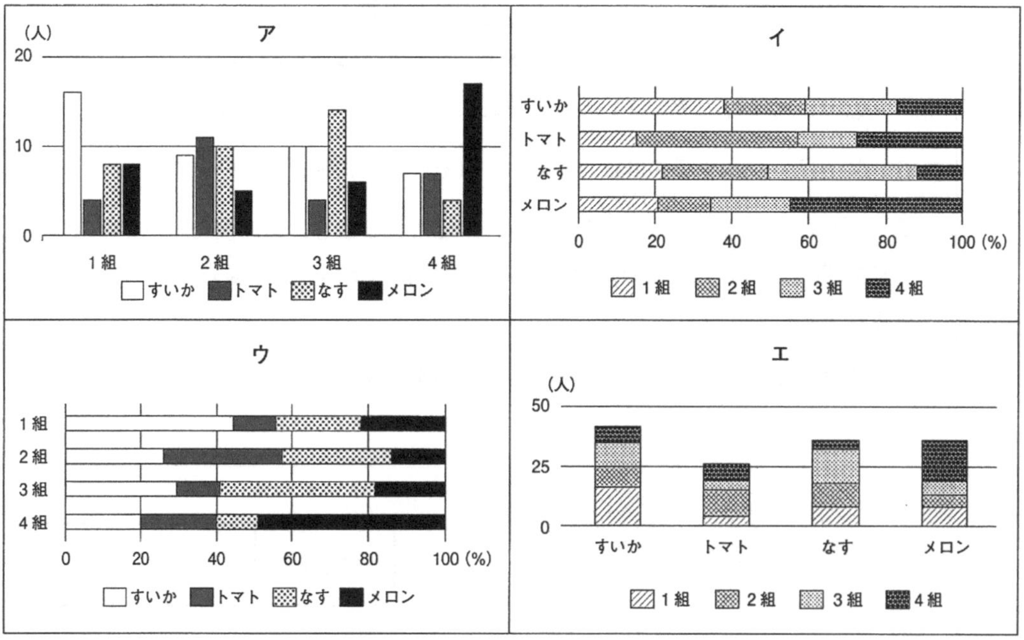

（1）次の①～③を確認《かくにん》するために，ア～エからそれぞれ最も適当なグラフを１つずつ選び，記号で答えなさい。

① 学年全体では，すいかを選んだ人数が一番多い。

② ２組では，トマトを選んだ人数が一番多い。

③ ４組では，メロンを選んだ人の割合が約50%である。

次に，さくらさんたちは，学年全体でどの農産物を選んだか，それぞれの人数の割合を分かりやすくするために，円グラフに表すことにします。まず，それぞれの人数について，表１にまとめました。

表１　　育てたい農産物

農産物の種類	すいか	トマト	なす	メロン
選んだ人数（人）	42	26	36	36

グラフ１

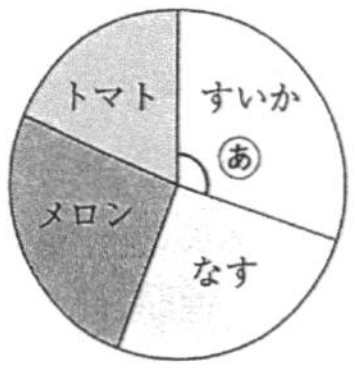

（2）表１を円グラフに表しました（グラフ１）。グラフ１の㋐の角の大きさは何度となるか求めなさい。また，言葉や式を使って求め方も書きなさい。

問題３　わかなさんたちは，厚紙で図１のような児童会の話合いで使う三角柱のネームプレートを作っています。三角柱の底面は，３つの辺の長さが９cm，12cm，15cm の直角三角形で，高さが33cm です。また，図１，図２のように，２つの底面には「６の１」と「学級」という文字を，側面の１つには「６の１学級委員長」という文字を書き込んでから，組み立てます。

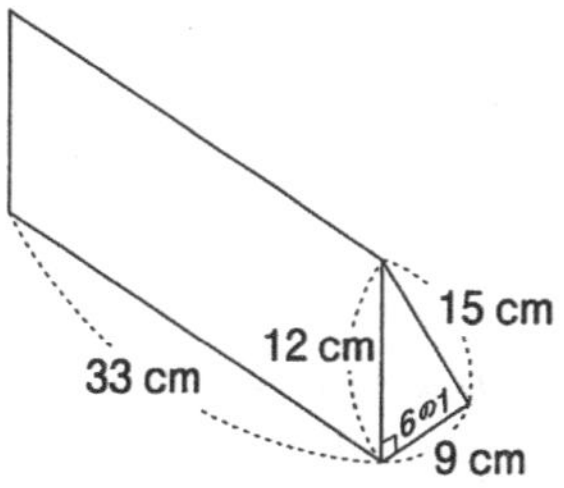

図１

図２

（1）ネームプレートの展開図《てんかいず》をかき，「６の１」と「学級」と「６の１学級委員長」の文字をそれぞれ適切な面に適切な向きで書きなさい。ただし，３cm を１めもりとして解答用紙にかくこととし，のりしろは考えないこととします。また，文字の大きさは，問わないものとします。

わかなさんたちは，図３のようなネームプレートを片付《かたづ》けるための直方体の箱を作ることにしました。箱の深さを33cm にして，「６の１」などの学級名等が見えるように，図４のように片付けていくことにします。

（2）わかなさんたちは，箱の底面を正方形にしたいと考えています。各学級と各委員会用のネームプレートが全部で24個あるとき，すべてのネームプレートをすき間なく入れるためには，箱の底面の１辺を何 cm にすればよいか求めなさい。また，言葉や式などを使って求め方もかきなさい。ただし，紙の厚さは考えないものとします。

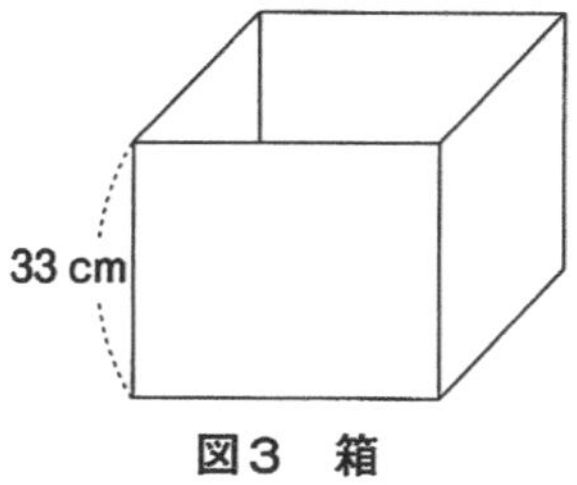

図３　箱

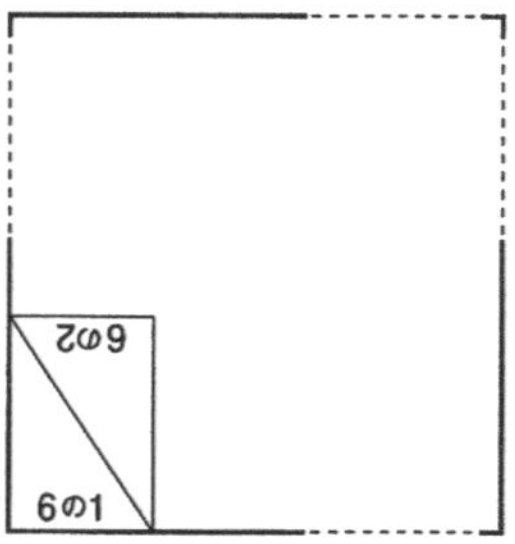

図４　箱を真上から見た図

2 ひとみさんは，ロボット競技大会に出場する中学生のお兄さんの手伝いをすることになりました。そこで，そうたさんをさそって，いっしょに手伝うことにしました。ロボット競技大会の内容は，次のとおりです。

【ロボット競技大会のテーマ】ごみの分別
【競技内容】
○スタート地点を出発し，ごみの中から鉄のクリップのみを取り出し，ごみ箱へ運ぶ。
○鉄のクリップ全部をごみ箱に入れ，ゴール地点に進む。
○スタートからゴールまでの時間を競う。
※ごみには，紙ごみと鉄のクリップが混ざっている。

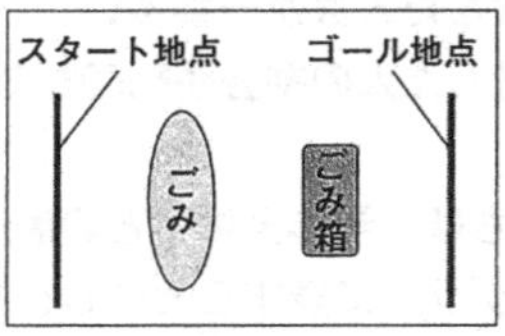

ロボット競技大会のコース

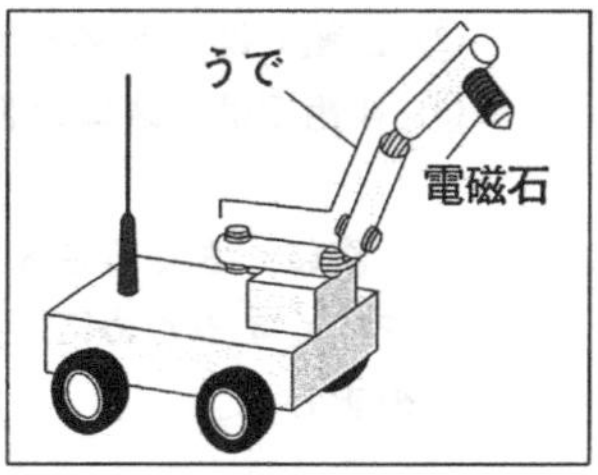

図1　ロボット全体

ひとみさんとそうたさんは，お兄さんから，うでの先に電磁石《でんじしゃく》を付けたロボット（**図1**）が，鉄のクリップを引きつける様子を見せてもらいました。しかし，引きつけられたクリップの数が少なかったので，２人は，電磁石の力を強くする条件について話し合い，導線《どうせん》のまき数を増やしてみることにしました（**実験1**）。

実験1
①直径５mmのストローに導線を重なりのないようにすき間なく50回まいたコイルを作る。
②導線の両端《りょうはし》を15cmずつ残して切り，かん電池とつなぐ（**図2**）。
③引きつけられたクリップの数を記録する。
④同じ鉄くぎを使用し，導線のまき数を増やして，②，③をくり返す。
※まき数が100回をこえたら，重ねてまく。

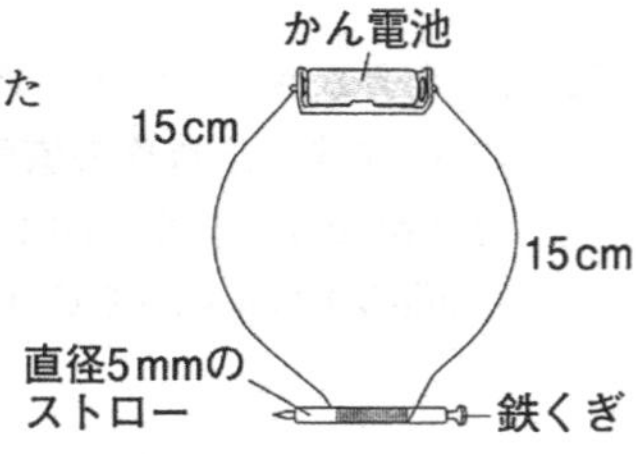

図2

問題1
（1）実験1で，100回まきのコイル作りに使用する導線の長さは何cmになるか答えなさい。また，式も書きなさい。ただし，導線の両端の15cmをふくめます。また，次のことを使ってもよいものとします。

- ストローに１回まいた導線の長さは，ストローの円周と等しいと考え，円周率は3.14とする。
- 50回まきのコイル作りに使用した導線は108.5cmである。

２人は，**実験1**の結果をグラフに表しました（**グラフ1**）。

ひとみ「コイルのまき数が増えれば，引きつけられるクリップの数は増えると思ったけれど，300回まきから，あまり変わらないね。どうしてかな。」
お兄さん「導線は同じ長さにする必要があるよ。」

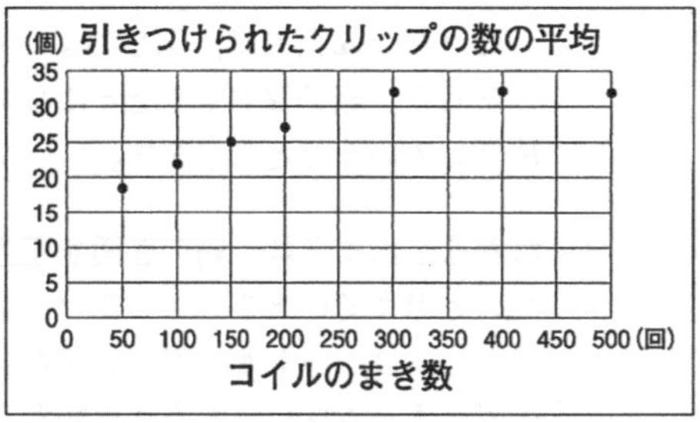

グラフ1

適性検査問題Ⅰ解答用紙（その1）

※80点満点

受検番号

1

問題 1	
A	B

2点×2

問題2

20

4点

工夫

問題3

4点

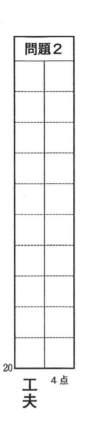

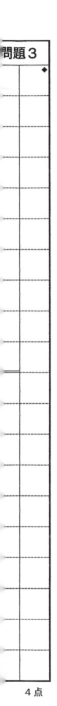

			点
(2)	特徴		5点
	理由		5点
(3)			6点

8点

(2)　(　　　　　　　　　) cm

求め方

8点

		①		②		③		完答４点
		④		⑤		⑥		完答４点
	（２）	あ						４点
		い ごみ箱へ移動する。						６点

受検番号	

適性検査問題Ⅱ解答用紙（その２）

2

問題１	（１）	式 答え（　　　　　）cm	３点×２
	（２）	（　　　　　）と（　　　　　）	完答４点
		理由	６点
	（３）	【電磁石の力を強くするための条件】 ○かん電池２個を直列つなぎにする。 ○	６点

受検番号	

適性検査問題Ⅱ解答用紙（その1）

※80点満点

1

問題1	(1)	(　　　　　　　) 分	4点
	(2)	(　　　　) 分 (　　　　) 秒 求め方	8点
問題2	(1)	① (　　　　) ② (　　　　) ③ (　　　　)	4点
	(2)	あの角の大きさ (　　　　　　) 度 求め方	8点

【解答

受検番号	

適性検査問題Ⅰ解答用紙（その２）

2

問題１	（１）	大陸名	５点
	（２）	記号	５点
	（３）	番号	４点
		理由	６点

問題4

ウ	イ	ア
20 25	25	10
3点	3点	2点

問題5

◆の印から書き始め、段落は変えないこと。

◆

200 180

20点

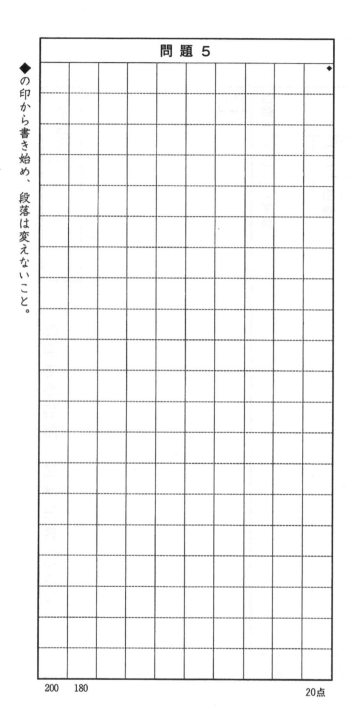

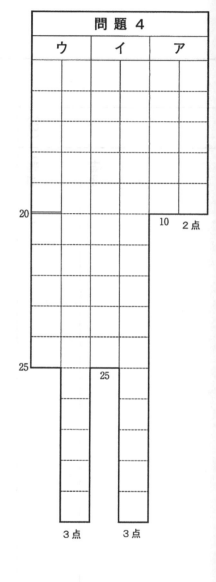

（2）実験１の結果とお兄さんの話をもとに，条件をそろえてコイルのまき数を変えたときの電磁石の力の強さを調べるためには，次のア〜エの実験のどれとどれを比べるとよいか，記号で答えなさい。また，選んだ理由を「変える条件」「同じにする条件」という２つの言葉を使って説明しなさい。

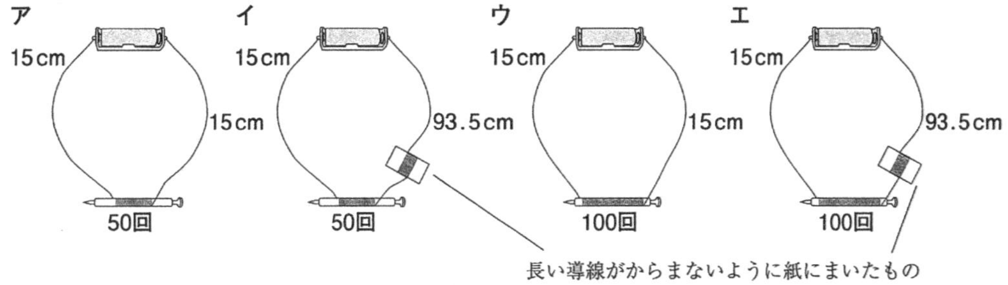

直径が10mm，15mm，20mmの３種類のストローを見つけた２人は，実際にロボットに使う鉄くぎで条件をそろえて，もう一度，コイルを作ることにしました。そして，50回まきを同じにする条件として，ストローの直径やまき方を変えたときの電磁石の力の強さを調べ（**実験２**），結果を表にまとめました（**表１**）。

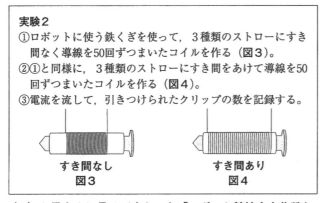

実験２

①ロボットに使う鉄くぎを使って，３種類のストローにすき間なく導線を50回ずつまいたコイルを作る（**図３**）。

②①と同様に，３種類のストローにすき間をあけて導線を50回ずつまいたコイルを作る（**図４**）。

③電流を流して，引きつけられたクリップの数を記録する。

すき間なし　図３　　すき間あり　図４

表１　実験２の結果（引きつけられたクリップの数の平均）

	すき間なし	すき間あり
直径10mm	40.6個	31.8個
直径15mm	33.0個	23.8個
直径20mm	24.4個	20.8個

（3）お兄さんに見せてもらった「ロボット競技大会作戦シート」に，２人は【電磁石の力を強くするための条件】をまとめようとしています。実験１，実験２と以下の【ロボット製作上の注意点】をもとに，あなたなら続きをどのようにまとめますか。「コイルのまき数」「ストローの直径」「すき間」という言葉をすべて使って説明しなさい。

ロボット競技大会作戦シート

【ロボット製作上の注意点】
○使用できるかん電池は２個まで，コイルは１つとする。
○コイルに使える導線の長さは200cm 以内とする。
○使用するストローの直径は10mm 以上とする。

Ⅰ　**【電磁石の力を強くするための条件】**

○かん電池２個を直列つなぎにする。
○

次に，２人はロボットのうでの動くしくみについて話し合いました。ストローとたこ糸，うすいプラスチック板を使ってうでもけいを作り，うでを曲げたりのばしたりするときのきん肉の働きを調べる実験をしました（**実験３**）。

実験３

ストローの内部を通っているたこ糸を引っ張ると②のように曲がる。

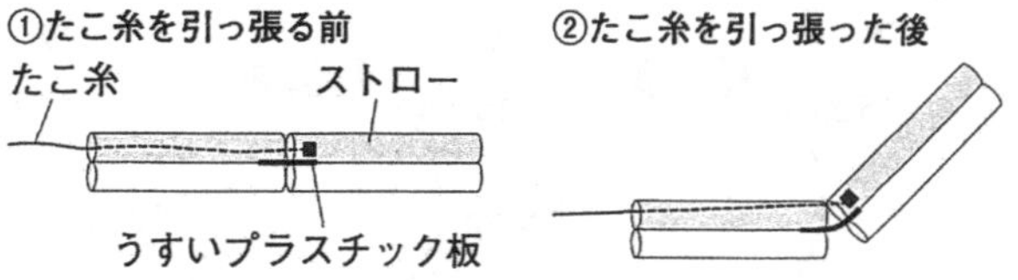

※うすいプラスチック板は，関節の役目をするものとして使用。
※■はたこ糸をストローに固定する場所。

問題２

（１）２人は実験３をもとに，図５のようにひじと手首を曲げるときのきん肉Ａ～きん肉Ｄの様子を，次のように説明しています。①～⑥の（　　）の中からそれぞれ正しいものを１つずつ選び，記号で答えなさい。

きん肉Ａが①（ア　ちぢみ　イ　ゆるみ），きん肉Ｂが②（ア　ちぢむ　イ　ゆるむ）ことで，③（ア　ひじ　イ　手首）が曲がる。
また，きん肉Ｃが④（ア　ちぢみ　イ　ゆるみ），きん肉Ｄが⑤（ア　ちぢむ　イ　ゆるむ）ことで，⑥（ア　ひじ　イ　手首）が曲がる。

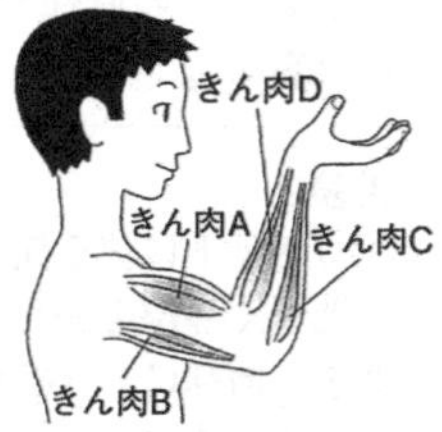

図５

うでもけいを参考にして，お兄さんが作ろうとしているロボットのうでの仕組みを説明してくれました。

うでのスイッチを入れると，きん肉のようにちぢむ仕組みになっているよ。例えば，スイッチ１を入れると，部品１がちぢんで矢印の方へ曲がる。その後，スイッチ２を入れると，自動的にスイッチ１は切れるよ。そのとき，部品２がちぢんで部品１がゆるむから，曲がったうでがのびるんだよ。

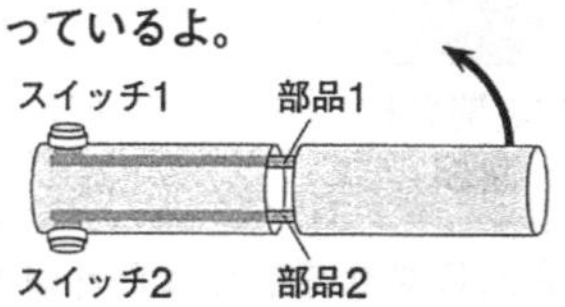

そこで，２人は，ロボットのうでをうまく動かすためには，どのスイッチを操作《そうさ》すればよいか，電磁石に電流を流したり止めたりするのはどの場合かを考え，「ロボット競技大会作戦シート」に書きたすことにしました。

ロボット競技大会作戦シート

Ⅱ **【ロボットのうでを動かす操作と電磁石の電流の説明】**

スイッチＡとスイッチＢは関節アを動かし，スイッチＣとスイッチＤは関節イを動かす。

①

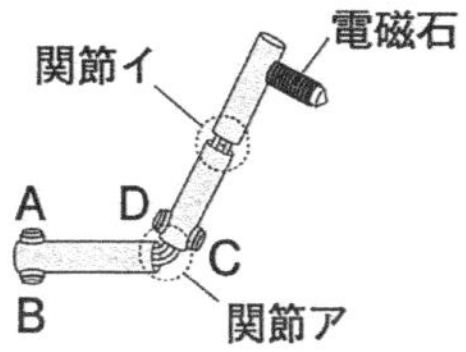

スイッチＡを入れて関節アを曲げ，電磁石の電流を止めたまま，スタート地点で待機し，スタートの合図でごみのある場所へ移動する。

②

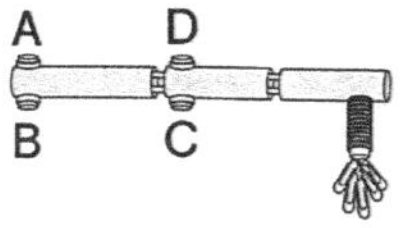

あ

③

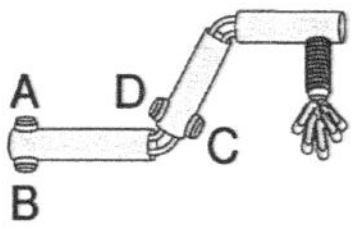

い

ごみ箱へ移動する。

④

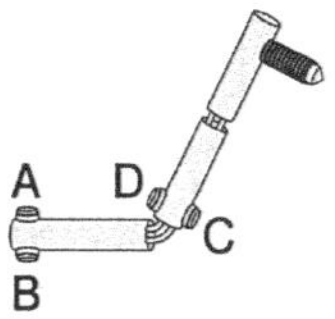

電磁石の電流を止めて鉄のクリップを落とした後，スイッチＤを入れて関節イをのばし，ごみのある場所へもどって，②～④をくり返す。

（2）②と③には，それぞれのうでの動きになるように，スイッチの操作と，電磁石に電流を流したり止めたりする説明が入ります。［あ］には②のうでをのばす動き，［い］には③の関節アと関節イを曲げる動きについて，①と④の説明を参考にして書きなさい。

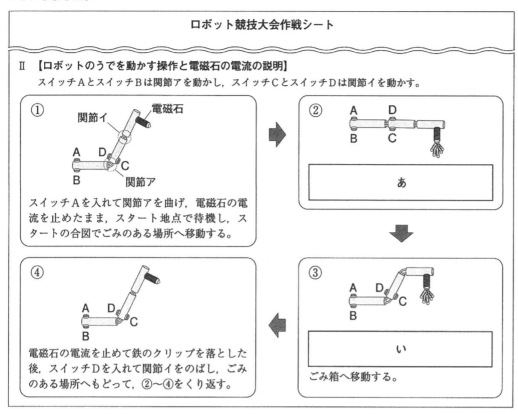

令和３年度（2021年度）
熊本県立中学校入学者選抜

適性検査問題Ⅰ

【10：00 ～ 10：50】

注　意

1　「はじめ」の合図《あいず》があるまでは，適性検査問題Ⅰを開いてはいけません。

2　適性検査問題Ⅰは 1 ～ 3 で，５ページまであります。

3　解答用紙は３枚あり，適性検査問題Ⅰの中にはさんであります。取り出して使用しなさい。

4　解答用紙（その１）は，適性検査問題Ⅰの 1 の解答用紙，解答用紙（その２）は，適性検査問題Ⅰの 2 の解答用紙，解答用紙（その３）は，適性検査問題Ⅰの 3 の解答用紙です。

5　「はじめ」の合図があったら，まず，受検番号を適性検査問題Ⅰ及び解答用紙（その１），（その２），（その３）のそれぞれの受検番号らんに書きなさい。

6　答えは，すべて解答用紙（その１），（その２），（その３）に書きなさい。

7　「やめ」の合図があったら，すぐに筆記《ひっき》用具を置き，適性検査問題Ⅰの上に解答用紙（その１）を，その上に解答用紙（その２）を，その上に解答用紙（その３）を裏《うら》返しにして置きなさい。

8　適性検査問題Ⅰは，持ち帰ってもかまいません。

受検番号	

1　あきさんとけんさんは、お掃除《そうじ》ロボットのことについて書かれた次の文章を読み、ロボットと人間の関係に興味をもちました。お掃除ロボットとは、障害物《しょうがいぶつ》をさけて動きながら床《ゆか》のホコリなどを自動で吸《す》い集めるようにプログラムされた充電式《じゅうでんしき》の機械のことです。よく読んであとの問いに答えなさい。

　ひとりで勝手にお掃除してくれるロボット。その能力を飛躍《ひやく》的に向上させるなら、わたしたちの仕事をいつかは奪《うば》ってしまうのではないかと心配する向きもある。しかし、もうしばらくは大丈夫《だいじょうぶ》なのではないかと思う。一緒《いっしょ》に暮《く》らしはじめてみると、①その〈弱さ〉もいくつか気になるのだ。

　玄関《げんかん》などの段差《だんさ》から落ちてしまうと、そこからはなかなか這《は》い上がれない。部屋の隅《すみ》にあるコード類を巻《ま》き込《こ》んでギブアップしたり、時には椅子《いす》やテーブルなどに囲まれ、その(注)袋小路《ふくろこうじ》から抜《ぬ》けだせなくなりそうになる。（中略）そんな姿《すがた》になんとなくほっとしてしまう。

　こうした関わりのなかで、わたしたちの心構えもわずかに変化してくる。ロボットのスイッチを入れる前に、部屋の隅のコードをＡタバねはじめる。ロボットの先回りをしては、床の上に乱雑《らんざつ》に置かれたモノを取り除《のぞ》いていたりする。いつの間にか、部屋のなかはきれいに片《かた》づいている。このロボットの意図していたことではないにせよ、周りの手助けを上手に引きだしながら、結果として「部屋のなかをお掃除する」という目的を果たしてしまう。（中略）

　先に述べたように「コードを巻き込んで、ギブアップしやすい」というのは、一種の欠陥《けっかん》や欠点であり、本来は克服《こくふく》されるべきものだろう（実は、いつの間にかパワーアップされたお掃除ロボットの仲間は、こうした欠点を克服しつつある……）。しかし、その見方を変えるなら、この〈弱さ〉は、「わたしたちに一緒にお掃除に参加するための余地や余白を残してくれている」ともいえるのだ。

　そこで一緒にお掃除する様子を眺《なが》めてみるとおもしろい。わたしたちとロボットとは、お互《たが》いに部屋を片づける能力を競いあいながら、この掃除に参加している風ではない。どこまで手伝えばいいのか、どのような工夫《くふう》をすれば、このロボットは最後まで(注)完遂《かんすい》してくれるのか。そうした［②］を重ねるなかで、お互いの(注)得手、不得手を特定しあう。目の前の課題に対して、その連携《れんけい》のあり方を探《さぐ》ろうとする。「相手と心を一つにする」というところまで、まだ距離《きょり》はありそうだけど、ようやくその入り口に立てたような感じもするのである。

　床の上のホコリを丁寧《ていねい》に吸い集めるのは、ロボットの得意とするところであり、わたしたちに真似《まね》はできない。一方で、ロボットの進行を先回りしながら、椅子を並《なら》べかえ、障害物を取り除いてあげることは、わたしたちの得意とするところだろう。一緒にお掃除しながらも、お互いの〈強み〉を生かしつつ、同時にお互いの〈弱さ〉を補完《ほかん》しあってもいる。

　これも多様性というのだろうか、そこでは部屋の壁《かべ》、わたしたち、そして③健気《けなげ》なお掃除ロボットという、さまざまな個性やそれぞれの技が協働しあっていて心地《ここち》よい。そうした高度な関わりにあっては、ロボットはすべての能力を自らのなかに抱《かか》え込む必要はない。わたしたちもまた完全である必要はないということなのだろう。

　でもどうして、このような連携プレーが可能なのだろう。一つにはこのロボットの性格から来るものなのではないかと思う。ぶつかるのを知ってか識《し》らずか、部屋の壁に(注)果敢《かかん》に突《つ》き進んでいく。コードに巻きついても、そこからなかなか離《はな》れようとはせず、遂《つい》にはギブアップ……。そんな失敗をなんどかくりかえしても、④懲《こ》りることがない。

　そのようなロボットのあっけらかんとした振《ふ》る舞《ま》いに対して、（中略）いつの間にか応援《おうえん》してしまう。

わたしたちの共同行為《こうい》を生みだすためのポイントは、自らの状況《じょうきょう》を相手からも参照可能なように表示しておくことである。「いま、どんなことをしようとしているのか」「どんなことに困《こま》っているのか」、そうした〈弱さ〉を隠《かく》さず、ためらうことなく開示しておくことで、お掃除ロボットは周りの手助けを上手に引きだしているようなのである。

もう一つのポイントは、相手に対する〈敬意《けいい》〉や〈信頼《しんらい》〉のようなものではないだろうか。お互いの〈弱い〉ところを開示しあい、そして補《おぎな》いあう。一方で、その〈強み〉を称《たた》えあってもいる。このお掃除ロボットは相手を信頼してなのか、その部屋の壁になんのためらいもなく、B委ねることをする。一方で、わたしたちも「へー、こんなところのホコリを丹念《たんねん》に吸い集めてしまうわけ?」「すごい、これには敵《かな》わないなあ……。」というわけで、「ここはロボットに任せておこう!」ということを徹底《てってい》させている。

人とロボットとの共生という言葉があるけれど、自らをわきまえたお掃除ロボットは、わたしたちとのあいだで、⑤持ちつ持たれつという共生をちゃっかり成功させているようなのである。

(岡田美智男《おかだみちお》「〈弱いロボット〉の思考」『高校生のための科学評論エッセンス ちくま科学評論選』所収 筑摩書房による。一部省略がある。)

(注) ○袋小路＝行き止まりになっている路地。
○完遂＝完全にやりとげること。
○得手＝得意とすること。
○果敢＝思い切って物事を行う様子。

問題1 ‖線部Aのカタカナを漢字に直し、‖線部Bの漢字にはよみがなをつけなさい。

問題2 ——線部①「その〈弱さ〉もいくつか気になる」とありますが、お掃除ロボットの〈弱さ〉として筆者はどのようなことを挙げていますか。かじょう書きで三つ書きなさい。

問題3 文章中の ② に当てはまる四字熟語《よじじゅくご》として最もふさわしいものを次のア〜オの中から一つ選び、記号で答えなさい。

ア 以心伝心…文字や言葉を使わなくても、心と心で通じ合うこと
イ 日進月歩…日に日にたえることなく、どんどん進化すること
ウ 試行錯誤《しこうさくご》…挑戦《ちょうせん》と失敗をくり返しながら、解決策《かいけつさく》を見出《みいだ》すこと
エ 一朝一夕《いっちょういっせき》…きわめてわずかな期間、非常に短い時間のこと
オ 初志貫徹《しょしかんてつ》…初めに心に決めた目標を最後まで貫《つらぬ》き通すこと

問題4 あきさんは、——線部③「健気な」——線部④「懲りることがない」など筆者が使う言葉に、筆者のロボットに対する見方が表れていると感じ、次のように説明しています。□に入るふさわしい内容を五字以上、十字以内で書きなさい。

> 筆者は、「健気な」「懲りることがない」など、一般的にはロボットに対して使わない言葉を用いている。このことから、ロボットを単なる機械ではなく、□存在《そんざい》と感じていることが分かる。

問題5 ——線部⑤「持ちつ持たれつという共生」とありますが、この共生は、人とロボットとのどのような関係のことですか。「信頼」「得意」「欠点」という三つの言葉を使って三十字以上、四十字以内で書きなさい。

あき「駐車場の取り組みがあったけど，自動車があると外出するときに便利だね。」
けん「だけど，高齢者の方の中には，自動車の運転を不安だと思う人もいると思うよ。」
あき「国では，『サポカー』普及の取り組みを行っているそうだよ。」
けん「次は，国の『サポカー』普及の取り組みについて調べてみよう。」

二人は，国の「サポカー」普及の取り組みについて調べ，**資料4**，**資料5**を見つけました。

資料4　運転者の年代別の交通事故数の変化

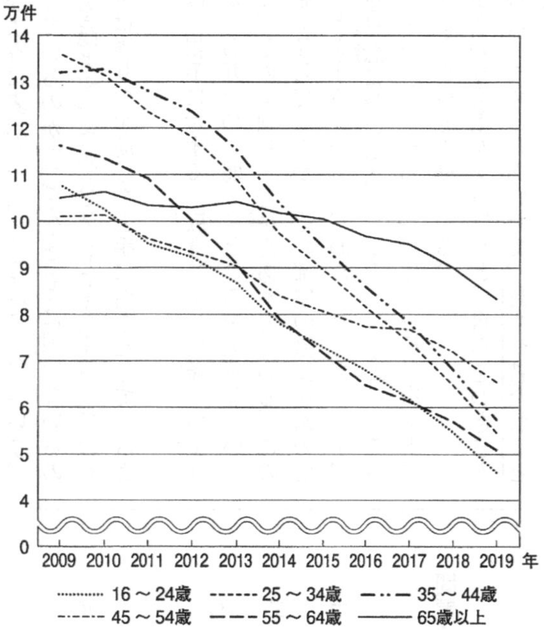

（警察庁交通局《けいさつちょう》「令和元年中の交通事故の発生状況《じょうきょう》」より作成）

資料5　「サポカー補助金《ほじょ》」のチラシ

（経済《けいざい》産業省ホームページによる）

※「サポカー」とは，衝突《しょうとつ》の可能性があるときに警報《けいほう》で知らせたり，自動でブレーキが作動したりして，ドライバーの安全運転を支援《しえん》してくれる自動車のこと。

問題２

（１）資料４から分かることとして正しいものを，次のア～エから一つ選び，記号で答えなさい。

ア　2009年から2019年までの間で，すべての年代で毎年交通事故数は減り続けている。

イ　2009年から2019年までの間で，最も交通事故数が減っているのは16～24歳の年代である。

ウ　2009年と比べて2019年では，交通事故数全体にしめる65歳以上の年代の交通事故数の割合が高くなっている。

エ　2009年と比べて2019年では，すべての年代で交通事故数は2009年の交通事故数の半数以下になっている。

（２）資料５について，国は，「サポカー」普及の取り組みとして，65歳以上になるドライバーが「サポカー」などを購入《こうにゅう》する場合に，購入を補助するお金を受け取れる「サポカー補助金」の制度を始めています。「サポカー」と「サポカー補助金」のよさとして考えられることを，自動車を運転する高齢者の立場からそれぞれ書きなさい。

（３）高齢者の中には，自動車を自由に使えない人たちもいます。そのような人たちのために，国や地方公共団体は，どのような取り組みを行っていく必要があると考えられるか，取り組みと，そう考えた理由を書きなさい。

問題は，５ページの 3 に続く

2 あきさんとけんさんは，熊本県の高齢者《こうれいしゃ》への「やさしいまちづくり」について話をしています。次の会話文を読んで，各問いに答えなさい。

あき「令和元年の全人口にしめる65歳《さい》以上の人口の割合《わりあい》は，全国が28.4％で熊本県は31.1％みたいだよ。」
けん「熊本県は，全国と比べて高齢化が進んでいるね。」
あき「熊本県では，高齢化などへの対応として『やさしいまちづくり』に取り組んでいるそうだよ。」
けん「熊本県の『やさしいまちづくり』の取り組みについて調べてみよう。」

二人は，熊本県の「やさしいまちづくり」の取り組みについて調べ，**資料１**，**資料２**，**資料３**を見つけました。

資料１　「熊本県高齢者，障害者《しょうがいしゃ》等の自立と社会的活動への参加の促進《そくしん》に関する条例（やさしいまちづくり条例）」の一部

（目的）
第１条　この条例は，県，県民及《およ》び事業者の責務を明らかにするとともに，県の施策《しさく》の基本となる事項《じこう》を定めることにより，高齢者，障害者等が自立及び社会的活動への参加を果たせる社会を築くこと（以下「やさしいまちづくり」という。）を目的とする。
（注）○事業者＝商業や工業などの事業を行う者。○責務＝責任と義務。○施策＝実行すべき計画。

資料２　「おでかけ安心トイレ普及《ふきゅう》事業」協力施設《しせつ》のトイレ

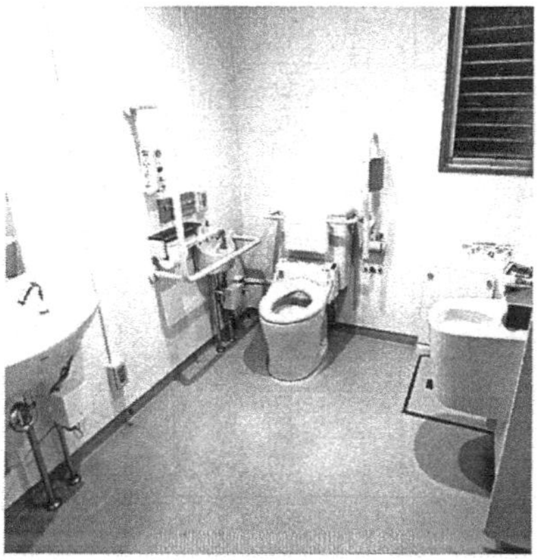

資料３　「ハートフルパス制度」に関する案内表示とハートフルパス

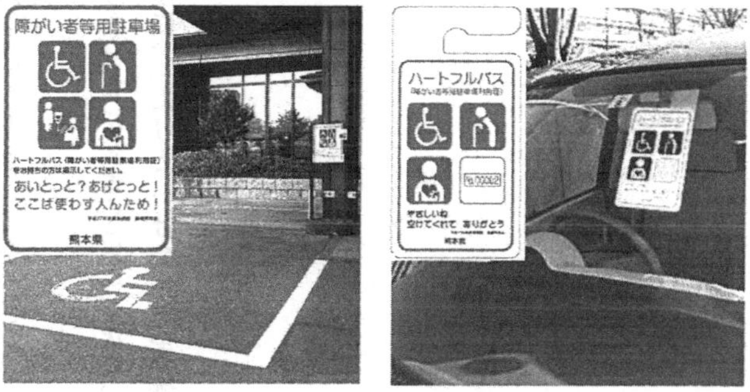

（熊本県ホームページより作成）

※「ハートフルパス制度」とは，高齢の方や障がいのある方などに，県内共通の障がい者等用駐車場《ちゅうしゃじょう》の利用証（ハートフルパス）を交付することで，本当に必要な人のための駐車スペースを確保する制度です。

問題１

（１）資料１について，「やさしいまちづくり条例」の目的は，日本国憲法《けんぽう》の考え方にもとづいています。日本国憲法の三つの原則の中で，「やさしいまちづくり条例」の目的と最も関係が深いものを書きなさい。

（２）資料２について，「おでかけ安心トイレ普及事業」は，熊本県の「やさしいまちづくり」を目指した取り組みの一つです。資料２のトイレは，どのようなくふうがなされているか，ユニバーサルデザインの考え方にふれながら書きなさい。

（３）資料３について，熊本県では「ハートフルパス制度」を推進《すいしん》しています。この制度が「やさしいまちづくり」につながると考えられるのはなぜか，資料１の「やさしいまちづくり条例」の目的と関連付けて書きなさい。

3　次の会話文を読んで、あとの問いに答えなさい。

けん「ロボットと共生することについては、これまでは考えたことがなかったよ。それに、熊本県の『やさしいまちづくり』の取り組みも、だれもが暮《く》らしやすい社会につながっていることが分かったよ。」
あき「そうだよ。これからもよりよい社会になっていくといいね。でも、だれかにつくってもらおうと考えるだけでは、いけないね。」
けん「そうだね。よりよい社会にするためには一人一人が考えることが大切になってくるよね。」
あき「では、よりよい社会ってどんな社会のことなんだろう。まずはそこから考えてみようよ。」

問題　あなたの考える「よりよい社会」とは、どのような社会ですか。また、そのような社会をつくるために自分たちにはどのようなことができると思いますか。あなたの考えを書きなさい。（あとの〈条件〉にしたがって書くこと。）

〈条件〉
○最初に、あなたが考える「よりよい社会」とはどのような社会かを書くこと。次に、「よりよい社会」を目指すとき、課題と考えることやそれを課題と考える理由について書くこと。最後に、「よりよい社会」の実現のために、あなたが日常的に取り組めることについて書くこと。
○百六十字以上、二百字以内で書くこと。
○解答用紙の◆の印から書き始め、段落は変えないこと。

令和３年度（2021年度）
熊本県立中学校入学者選抜

適性検査問題Ⅱ

【11：15 ～ 12：05】

注　　意

1　「はじめ」の合《あい》図《ず》があるまでは，適性検査問題Ⅱを開いてはいけません。

2　適性検査問題Ⅱは [1] ～ [2] で，６ページまであります。

3　解答用紙は３枚あり，適性検査問題Ⅱの中にはさんであります。取り出して使用しなさい。

4　解答用紙（その１），（その２）は，適性検査問題Ⅱの [1] の解答用紙，解答用紙（その３）は，適性検査問題Ⅱの [2] の解答用紙です。

5　「はじめ」の合図があったら，まず，受検番号を適性検査問題Ⅱ及び解答用紙（その１），（その２），（その３）のそれぞれの受検番号らんに書きなさい。

6　答えは，すべて解答用紙（その１），（その２），（その３）に書きなさい。

7　「やめ」の合図があったら，すぐに筆《ひっ》記《き》用具を置き，適性検査問題Ⅱの上に解答用紙（その１）を，その上に解答用紙（その２）を，その上に解答用紙（その３）を裏《うら》返しにして置きなさい。

8　適性検査問題Ⅱは，持ち帰ってもかまいません。

受検番号	

1 次の各場面におけるそれぞれの問題に答えなさい。

問題１ 卒業式を体育館で行うために，図１のように参加者席をつくります。体育館内に横15m，たて18mの長方形の形にシートをしき，シートの上に，下の【ルール】にしたがって同じ大きさのいすを96きゃくならべます。

【ルール】
①シートの中央に横はば３ｍの通路をつくる。
②中央の通路をはさんだ参加者席の，いすの横方向の間かくは等しくする。

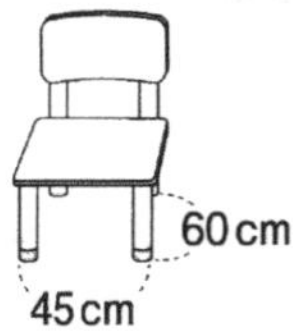

いすの横はばは45cm，たてはばは60cmです。

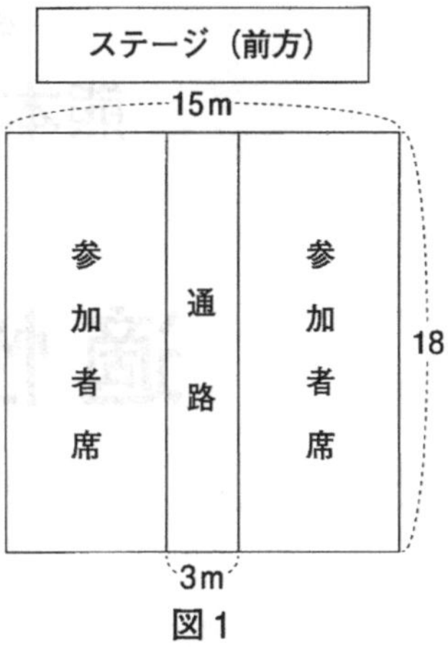

図１

（１）たて１列に12きゃくのいすをならべることにしました。シートの一番前から１m空けて先頭のいすをおき，いすといすの間かくを75cmにしてならべます。このとき，シートの後方は何m何cm空くことになるか求めなさい。

（２）次に横方向にいすをならべることにしました。シートの端《はし》からいすをならべて，いすの横方向の間かくをできるだけ広くとることにします。横１列に，通路をはさんでそれぞれ４きゃくずつ，いすの間かくを等しくしてならべるとき，その間かくは，何m何cmとなるか求めなさい。また，言葉や式などを使って求め方もかきなさい。

問題２ ゆうとさんの学年では，正方形の画用紙に好きな漢字一文字を書いて，かべに掲示《けいじ》することにしました。図２のように，正方形の画用紙の端を重ねながら，４つのすみを画びょうで貼《は》り付けることにします。図２は，正方形の画用紙を，かべに横３列，たて２段《だん》で掲示したものです。

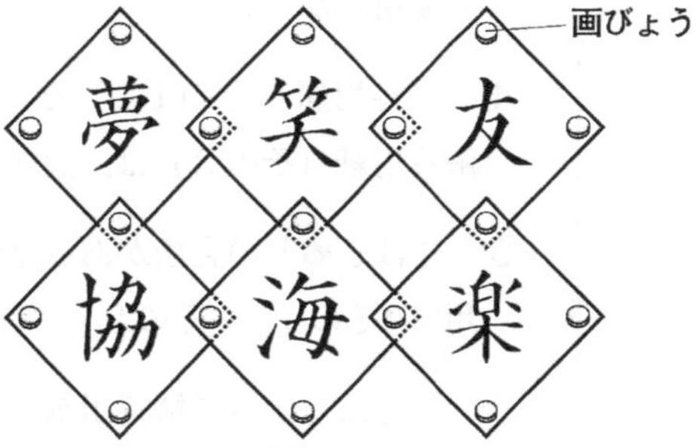

図２

この貼り方で，ゆうとさんたちが学年80人分の正方形の画用紙を，体育館のかべに横10列，たて８段で掲示するとき，画びょうは何個必要になるか求めなさい。また，言葉や式などを使って求め方もかきなさい。

問題３ けんたさんたちは，社会の授業で水について学習しました。その中で，１人あたりの１日の生活用水の使用量について，A市の目標が210L以下であることを知りました。そこで，実際に自分たちがどれくらい水を使っているかを知りたいと思い，「A市の人口の推移《すいい》」と，「A市の１日あたりの生活用水の使用量の推移」を表す２つのグラフを見つけてきました。

２つのグラフをもとに，A市の１人あたりの１日の生活用水の使用量を計算して，次のような話し合いをしました。

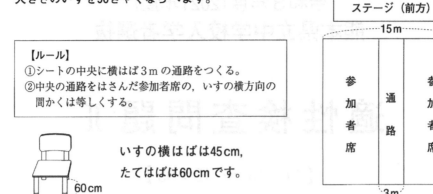

けんた「市の１日あたりの生活用水の使用量は，年ごとに変化していて，１人あたりの１日の生活用水の使用量は，2004年から2011年も，2011年から2018年も減っているようだね。」

はるな「2018年の１人あたりの１日の生活用水の使用量は，目標の210Lまで，あと10Lくらいになったね。」

けんた「そうだね。ぼくたちができる節水を考えて行動していくと，目標の210Lも実現できそうだね。」

右のグラフはけんたさんたちが見ていた「A市の人口の推移」のグラフです。

「A市の１日あたりの生活用水の使用量の推移」を表す正しいグラフは下のア～ウのうちどれですか。正しいものをア～ウから１つ選び，記号で答えなさい。また，その理由を言葉や式などを使って説明しなさい。

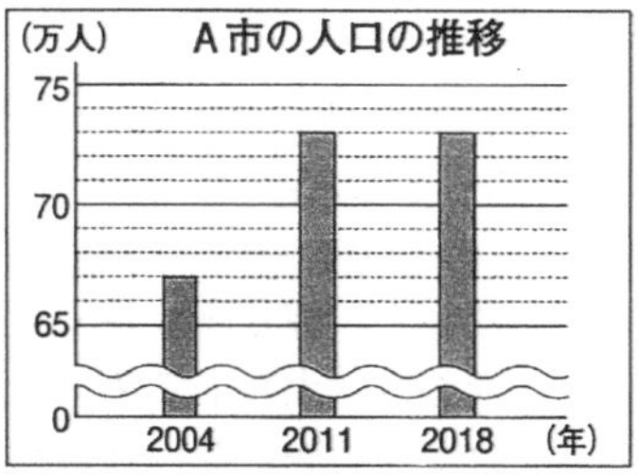

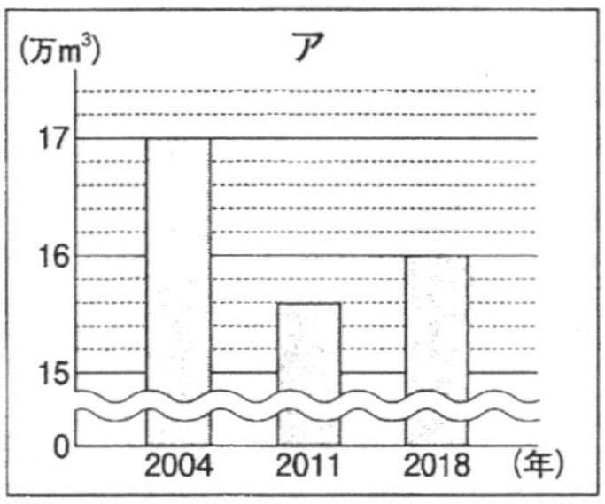

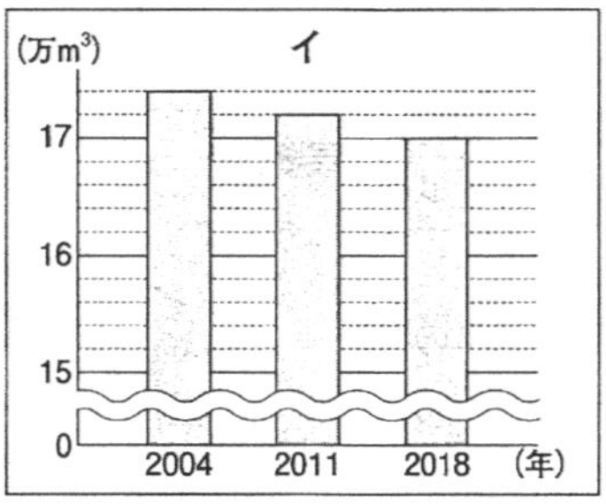

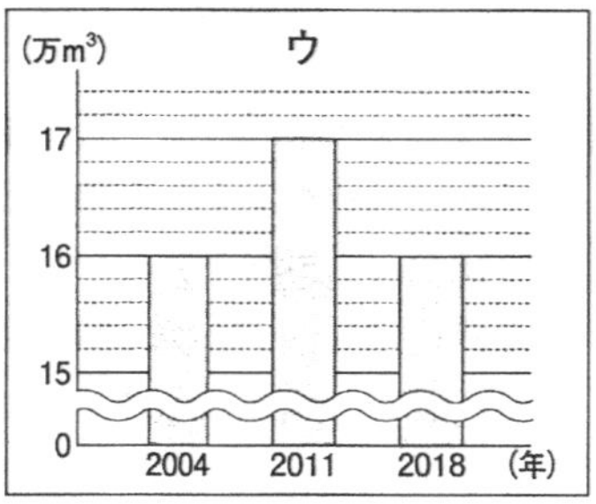

問題４　わかなさんたちは，社会科見学で熊本城に来ています。２人は形や大きさのちがうたくさんの石がすき間なく置かれている石がきを見ながら，次のような疑問《ぎもん》をもちました。

わかな「ばらばらの形の石がすき間なく置かれていてすごいね。」

そうた「そうだね。そういえば，この前，算数の授業で正多角形の学習をしたけれど，いろいろな正多角形をすき間なく置けるのかな。」

わかな「例えば，３つの正三角形と２つの正方形だったら，この図（**図３**）のように，１つの点に角をすき間なく集められそうだよ。」

そうた「本当だ，おもしろいね。他にも，正多角形を２種類以上使って，１つの点に角をすき間なく集めることができるのかな。」

正多角形を２種類以上使って，１つの点に角をすき間なく集めることができる組み合わせを，下のア～オから２つ以上選んで解答用紙の記号を丸で囲みなさい。また，それらを選んだ理由を言葉や式などを使って説明しなさい。ただし，同じ正多角形は何回使ってもよいこととします。

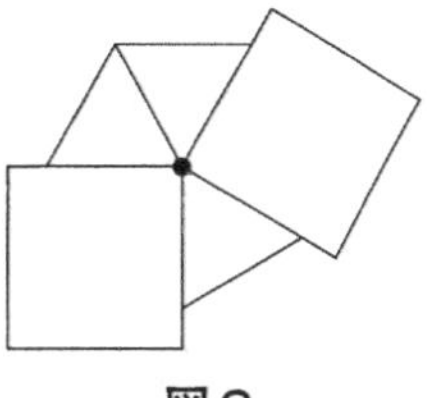

図３

ア　正方形　　**イ**　正六角形　　**ウ**　正八角形　　**エ**　正十角形　　**オ**　正十二角形

2 けんとさんの学校では，毎年，種もみ（もみがらがついているイネの種子）を発芽させて田植えを行い，収穫《しゅうかく》したお米でおにぎりを作って食べる体験学習を行っています。昨年は，発芽した種もみの数が少なく，その結果，お米の収穫量が少なくなってしまいました。そこで，けんとさんは，毎年稲作《いなさく》を教えてくれるおじいさんの家を訪《おとず》れ，イネの発芽について聞いてみることにしました。

けんと　　「昨年は発芽した種もみの数が少なかったと聞いたけど，どうしてですか。」
おじいさん「種もみを発芽させるためには，様々な条件を整えることが大切なんだよ。」
けんと　　「どんな条件が必要か調べてみます。」

おじいさんから話を聞いたあと，けんとさんは，発芽の条件について友達といっしょに考えることにしました。

けんと「種もみの発芽に必要な条件は何かな。ぼくは水が必要だと思う。」
なつみ「土の中で芽が出るから，日光を当ててはいけないと思う。」
はなこ「春になったら芽が出るから，20℃くらいの温度が必要だと思う。」
けんと「これから，みんなの予想が正しいかどうかたしかめるために実験をしよう。」

けんとさんたち３人は，右のカップに種もみを入れて，発芽の条件を調べることにしました（**実験１**）。

このとき，①～④のカップは平均20℃の室内に置き，⑤と⑥のカップは平均５℃の冷ぞう庫の中に入れました。また，①と②のカップは日光の当たる場所に置き，③～⑥のカップは日光が当たらないようにしました。

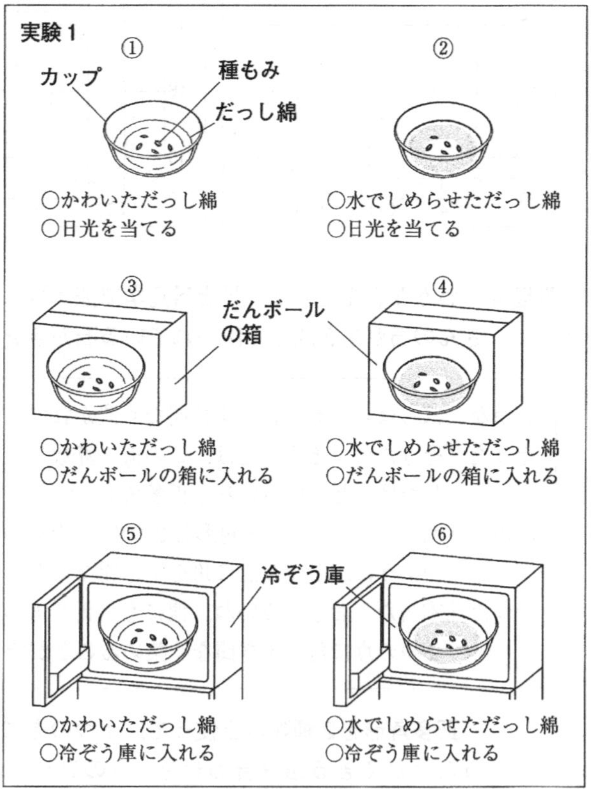

問題１

（１）３人の予想がすべて正しければ，右のカップのうち，すべての条件を満たし発芽すると予想されるカップはどれだと考えられますか。①～⑥から１つ選び，番号で答えなさい。

３人が**実験１**を行った結果，②と④の種もみが発芽し，①，③，⑤，⑥の種もみは発芽しませんでした。

（２）実験１の結果から，発芽の条件として３人それぞれの予想は正しかったといえますか。予想が正しければ「○」，正しくなければ「×」のどちらかを丸で囲みなさい。また，そのことは，①～⑥のカップのどれとどれを比べたことで分かりますか。考えられる番号の組み合わせを答えなさい。

適性検査問題Ⅰ解答用紙（その１）

※80点満点

受検番号

1

問題 1	
A	B
ね	ねる

2点×2

問題 2		

3点×3

	(2)	「サポカー」のよさ	
		「サポカー補助金」のよさ	4点×2
	(3)	取り組み	
		理由	3点×2

適性検査問題Ⅰ解答用紙（その3）

受検番号

3

問　題

◆の印から書き始め、段落は変えないこと。

200

160

20点

求め方

6点

理由

6点

			8点
問題3	(1)	記号（　　　　　）	
		説明	8点
	(2)	あ（　　　　　）g い（　　　　　）g 記号（　　　　　）	3点×2 （あといは完答）

受検番号	

適性検査問題Ⅱ解答用紙（その3）

2

問題１	（１）	番号（　　　　）			４点
	（２）		予想は正しかったか	どれとどれを比べたか	
		けんとさん	○　　×		
		なつみさん	○　　×		完答３点×３
		はなこさん	○　　×		
問題２	（１）	水よう液Ａ　・　水よう液Ｂ			
		説明			５点

【解答

受検番号	

適性検査問題Ⅱ解答用紙（その２）

1

問題３	記号（　　　　　）	10点
	理由	

受検番号	

適性検査問題Ⅱ解答用紙（その１） ※80点満点

1

問題１	（1）	答え（　　　　）m（　　　　）cm	3点×2
	（2）	答え（　　　　）m（　　　　）cm	
		求め方	4点

【解答

受検番号	

適性検査問題Ⅰ解答用紙（その2）

2

問題1	（1）		3点
	（2）		4点
	（3）		6点

問題３

３点

問題４

５点

問題５

◆の印から書き始め、段落は変えないこと。

◆

９点

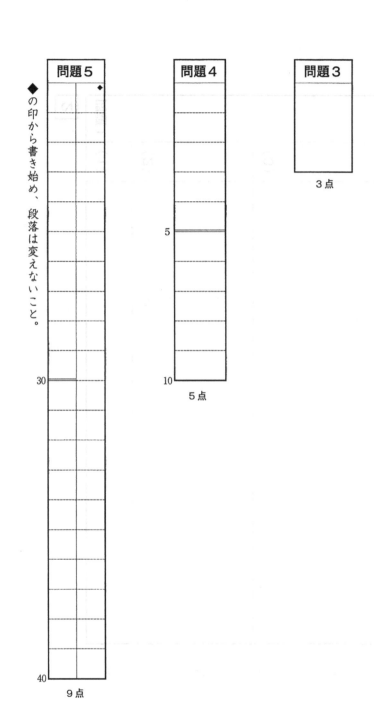

発芽の条件を調べたけんとさんたちは，次に，種もみを選別する方法についておじいさんから教えてもらいました。

「塩水選《えんすいせん》」といって，食塩水に種もみを入れ，うくものとしずむものに分けるんだ。しずんだ種もみは，中身がぎっしりつまっているから，よい種もみということになるんだよ。このしずんだ種もみを使うと，発芽する数が増えるよ。
ただし，もち米とうるち米のそれぞれに合う食塩水（表１）を使うんだよ。

表１　塩水選に使う食塩の量

	もち米用	うるち米用
食塩	2 kg	4 kg

※20℃の水20Lを使用

※もち米とは，もちや赤飯，おこわとして食べる米のこと。
うるち米とは，白米やげん米として食べるふつうの米のこと。

けんとさんたちは，**表１**をもとにして塩水選用の２種類の食塩水（水よう液A，水よう液B）を作りました。ところが，容器に印をつけるのをわすれてしまい，どちらがもち米用で，どちらがうるち米用か分からなくなってしまいました。そこで，２種類の水よう液を見分けるために，次のような実験を行いました（**実験２**）。

実験２
① 水よう液Aと水よう液Bからそれぞれ100mLずつ取り出す。
② 水よう液Aと水よう液Bのそれぞれに食塩を5gずつ加えていく（水温20℃）。

表２　実験２の結果

加えた食塩の合計（g）	5	10	15	20
水よう液A	○	○	×	
水よう液B	○	○	○	○

○：全部とけた　×：とけ残った

問題２

（1）水よう液Aと水よう液Bでは，どちらがうるち米用の食塩水ですか。解答用紙の「水よう液A」，「水よう液B」のどちらかを丸で囲みなさい。また，その理由を表１の内容と表２の結果をもとに説明しなさい。

（2）水よう液を見分けるために，けんとさんたちが行った実験方法とは別の方法で調べるとしたら，どのような方法で調べますか。【実験に使うもの】の中から必要なものを２種類以上選んで実験方法を説明しなさい。

【実験に使うもの】
ろうと　じょう発皿　けんび鏡　金あみをのせた実験用ガスこんろ
ろ紙　電子てんびん　ビーカー　メスシリンダー

【実験のやくそく】
- 水よう液は口にふくまない。
- 水よう液A，水よう液Bを使う。
- 種もみは使わない。
- 実験に使うものは，同じものをいくつ使ってもよい。

次にけんとさんたち３人は，つけ物作りをしていたおばあさんから次のような話を聞きました。

これはミョウバンといってね，野菜の変色を防いでくれるから，つけ物作りには欠かせないものなのよ。
とう明できれいな結晶《けっしょう》ができると聞いたよ。

※結晶とは，規則正しい形をしたつぶのこと。

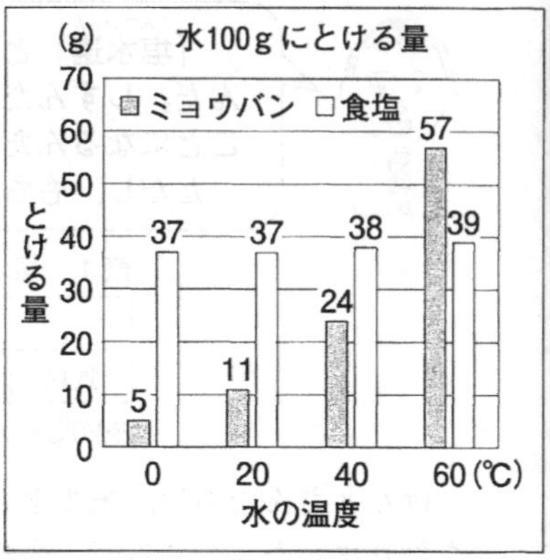

グラフ１

けんとさんたち３人は，おじいさんとおばあさんから食塩とミョウバンをもらい，夏休みの自由研究で結晶作りをすることにしました。はじめに，温度を変えながらそれぞれのとける量を調べ，結果をグラフに表しました（**グラフ１**）。

次に，結晶の量を調べるために，**実験３**を行いました。

実験３　ミョウバンと食塩の結晶を作る。

① 60℃の水100gに57gのミョウバンを全部とかして２等分し，ふたありとふたなしの容器に入れる。
② ①を２組作り，日光の当たらない部屋と冷ぞう庫にそれぞれ３日間置いて，出てきた結晶を量る。
③ 60℃の水100gに39gの食塩を全部とかして２等分し，ふたありとふたなしの容器に入れる。
④ ③を２組作り，日光の当たらない部屋と冷ぞう庫にそれぞれ３日間置いて，出てきた結晶を量る。

日光の当たらない部屋
（室温平均28℃）

冷ぞう庫
（冷ぞう庫内平均５℃）

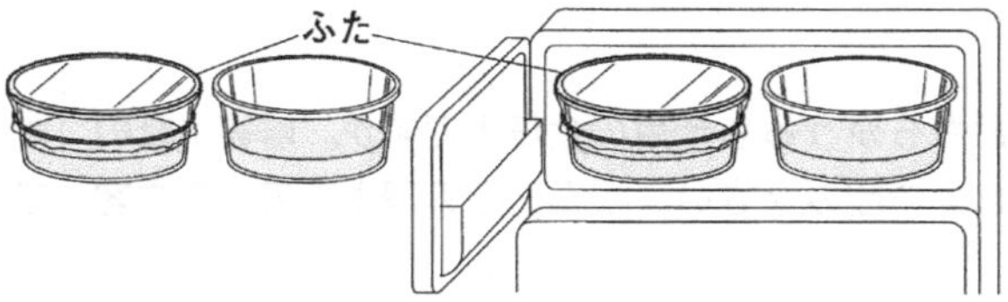

※室温と水よう液の温度は等しい

※冷ぞう庫内の温度と水よう液の温度は等しい

５℃の水100gにとける食塩の量は37gですよ。

実験３の結果

表３　ミョウバンの結晶の量

	ふたあり	ふたなし
部屋	18g（0g）	24g（32g）
冷ぞう庫	23g（0g）	25g（18g）

表４　食塩の結晶の量

	ふたあり	ふたなし
部屋	1g（0g）	7g（16g）
冷ぞう庫	Ⓐ（0g）	5g（12g）

※表３，表４の（　）内は，減った水の量を表す。

問題３

（１）冷ぞう庫に入れたふたありの容器に出てくる食塩の結晶の量Ⓐは何gと考えられますか。最も適当なものを次のア～エから１つ選び，記号で答えなさい。また，選んだ理由をグラフ１や先生の言葉をもとにして説明しなさい。

ア　1g　　イ　2g　　ウ　3g　　エ　4g

（2）けんとさんたちはミョウバンの結晶の量について，次のように考察をしました。㋐と㋑にはそれぞれあてはまる数字を書きなさい。また，㋒と㋓に入る言葉の最も適当な組み合わせを次のア～エから１つ選び，記号で答えなさい。

【考察】

グラフ1から，ミョウバンは水よう液の温度が下がるにつれて出てくる結晶の量が増える。

また，**表3**から，部屋に置いたふたなしの容器からは，ふたありの容器より（　㋐　）g多くの結晶が出ている。冷ぞう庫に置いたふたなしの容器からは，ふたありの容器より（　㋑　）g多くの結晶が出ている。冷ぞう庫より部屋の方が減った水の量が多いので，減った水の量が多いほど，結晶が（　㋒　）出ると考えられる。

だから，出てくるミョウバンの結晶の量には，水よう液の温度の変化と（　㋓　）が関係していることが分かる。

ア　㋒多く　　㋓とかすミョウバンの量　　イ　㋒多く　　㋓減った水の量
ウ　㋒少なく　㋓とかすミョウバンの量　　エ　㋒少なく　㋓減った水の量

令和２年度(2020年度)
熊本県立中学校入学者選抜

適性検査問題Ⅰ

【10：00 ～ 10：50】

注　意

1　「はじめ」の合図《あいず》があるまでは，適性検査問題Ⅰを開いてはいけません。

2　適性検査問題Ⅰは 1 ～ 3 で，５ページまであります。

3　解答用紙は３枚あり，適性検査問題Ⅰの中にはさんであります。取り出して使用しなさい。

4　解答用紙（その１）は，適性検査問題Ⅰの 1 の解答用紙，解答用紙（その２）は，適性検査問題Ⅰの 2 の解答用紙，解答用紙（その３）は，適性検査問題Ⅰの 3 の解答用紙です。

5　「はじめ」の合図があったら，まず，受検番号を適性検査問題Ⅰ及び解答用紙（その１），（その２），（その３）のそれぞれの受検番号らんに書きなさい。

6　答えは，すべて解答用紙（その１），（その２），（その３）に書きなさい。

7　「やめ」の合図があったら，すぐに筆記《ひっき》用具を置き，適性検査問題Ⅰの上に解答用紙（その１）を，その上に解答用紙（その２）を，その上に解答用紙（その３）を裏《うら》返しにして置きなさい。

8　適性検査問題Ⅰは，持ち帰ってもかまいません。

受検番号	

2020(R2) 熊本県立中(玉名・宇土・八代)
教英出版

1 あきさんは、朝の読書の時間に、「『わかる』とはどういうことか」という文章を読みました。よく読んであとの問いに答えなさい。

　ご存知《ぞんじ》のように、われわれが住んでいるこの大地は長い間、動かないもの、変化しないものの代表でした。

朝、東から太陽が昇《のぼ》ります。

昼、太陽が中天にかかります。

夕、太陽が西へ沈《しず》みます。（中略）

太陽がわれわれのまわりを動くのです。太陽が「昇る」、太陽が「沈む」、という言葉にわれわれの太陽理解が反映《はんえい》されています。

□、実は回っているのは不動のはずの大地の方でした。地球が太陽のまわりを回っているのです。太陽のまわりを一年かけて回っているのです。それだけでなく、地球自らもグルグル回転しています。一日一回自転しています。

月の方は見かけと同じように、地球のまわりを回っています。大地は不動ではなく、宇宙《うちゅう》という巨大《きょだい》な空間の中を、少し軸《じく》をかたむけながら、太陽にぶいぶいと振《ふ》り回されているのです。

月は月で、地球にぶいぶい振り回されているのです。こちらはだいたい二九日と半日くらいかけて地球の周りをめぐります。それに月自体も同じくらいの速度で自転していますから、いつも同じ顔しかこちらへ向けることができません。

　このように、われわれの知覚する世界と、実際の世界は同じではありません。実際の世界はわれわれの知覚的理解を遥《はる》かに超《こ》えたものです。

　一七世紀初頭、ガリレオ・ガリレイは自作のAボウエンキョウを(注)駆使《くし》して、宇宙観測を続け、回っているのは太陽ではなく、実は地球なのだ、というコペルニクスの説が正しいことを確信しました。（中略）

　ガリレオは見えている空間関係（みかけ）だけでなく、みかけを作り出している動きの(注)相互《そうご》関係を理解したのです。

　つまり、このタイプの理解の特徴《とくちょう》は複数物体の空間関係を維持《いじ》している物体相互の動きの理解にあります。なじみのある日本語で言えばからくりの理解です。

　自然現象はすべてからくりを隠《かく》しています。山や平野は動かないものの代表のように思いますが、長い長い時間で見れば動いています。(注)地殻《ちかく》をBコウセイしている何枚《まい》かの巨大(注)プレートのひしめき合いという大きな動きがあるのです。たとえば、日本列島の北半分は北アメリカプレートに乗っており、南半分はユーラシアプレートに乗っています。この下へ太平洋プレートやフィリピン海プレートがもぐり込《こ》もうとしています。（中略）

　地動説は事実ですが、この事実は言ってみれば客観的事実であって、心理的実感とは必ずしも一致《いっち》しないのです。

　実際、人類は天動説で長いことやってきました。人類といわず、日本人だけを考えても、地動説が外から輸入されるまではそんなことは問題として提起すらされていません。狭《せま》い日本を動きまわっている限り、生活にはなんの関係もないのです。

　ですが、狭い日本を離《はな》れて、地球を歩きまわる時代になれば、地球が自転している、という事実に立たないと、飛行機の運航スケジュールは作れません。人工衛星を打ち上げることも出来ません。ましてや、人工衛星を遙《はる》か上空の一点にみかけ上静止させる、などという(注)離れ業《わざ》も出来ません。

　みかけは、事実のように見えますが、事実の一面であって、全部ではありません。みかけを作り出しているからくりを理解しないと、本当にわかったことにはならないのです。

（山鳥重《やまどりあつし》「「わかる」とはどういうことか」
ちくま新書による。一部省略がある。）

（注）○駆使＝自分の思いどおりに使うこと。
○相互関係＝おたがいの関係。
○地殻＝地球をたまごにたとえたとき、からにあたる部分。
○プレート＝地球の表面をおおっている、厚さ百キロメートルほどの岩板。
○離れ業＝ひとときわすぐれたわざ。

問題1　〰〰線部A「ボウエンキョウ」、〰〰線部B「コウセイ」を、それぞれ漢字に直して書きなさい。

問題2　文章中の□に当てはまる言葉として最もふさわしいものを、次のア〜オの中から一つ選び、記号で答えなさい。また、なぜその言葉を選んだのか、理由を書きなさい。

ア　だから　　イ　また　　ウ　ところが
エ　このように　　オ　しかも

問題3　文章の内容を整理して次のようにまとめます。[①]〜[④]に当てはまる最もふさわしい言葉を、[①]と[②]は二字で、[③]と[④]は五字で、それぞれ文章中からぬきだしなさい。ただし、[②]には同じ言葉が入ります。

> われわれの[①]する世界では、太陽が大地のまわりを動くが、[②]の世界では、地球が太陽のまわりを動いている。[②]の世界は、われわれの[③]を超えたものであり、心理的実感とは必ずしも一致しない。
> また、われわれに見えているみかけは、[④]であり、全部ではない。

問題4　――線部「山や平野は動かないものの代表のように思います」とあるが、動かないもののように思うのはなぜですか。「山や平野」と「実感」という言葉を使って三十字以上、四十字以内で答えなさい。

問題5　この文章で述べられている内容として最もふさわしいものを、次のア〜オの中から一つ選び、記号で答えなさい。

ア　月と同じように太陽もグルグル地球のまわりを回っていることは事実であることから、知識を増やしていくためには、見てわかることが重要である。

イ　ガリレオ・ガリレイが物体の動きの相互関係を理解することでコペルニクスの説が正しいことを確信したように、物事を理解するには知覚的理解が大切である。

ウ　自然現象を正しく理解するためには、太陽や地球の動き、プレートの動きを知覚的にとらえ、心理的実感を客観的事実として理解することが大切である。

エ　本当にわかるためには、見えている空間関係であるみかけだけでなく、本当に事実なのか考えたり確かめたりして、からくりを理解することが重要である。

オ　地球を歩きまわる時代になったときには、これまで当たり前のように感じていた天動説を大切にすることが、正しいかどうか判断するためには重要である。

あき「遣唐使などの人の行き来を通して，大陸からさまざまな情報が伝えられたんだね。」
けん「鑑真は，大変困難《こんなん》な航海をして，日本にたどり着いたそうだよ。」
あき「今は，テレビやインターネットなどのメディアを通して，外国からでも簡単に情報を得ることができるようになったね。」
けん「今の人々がどのようなメディアから情報を得ているか調べてみよう。」

二人は，今の人々がどのようなメディアから情報を得ているかを調べ，**資料3**を見つけました。

資料3　目的別の利用メディアの割合《わりあい》（2017年）

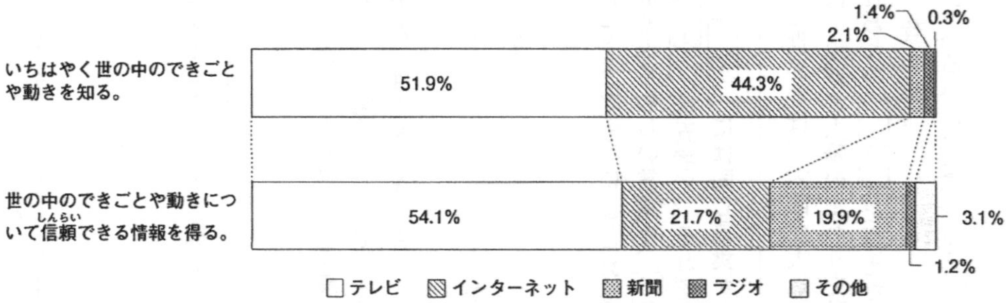

（総務省「情報通信メディアの利用時間と情報行動に関する調査」より作成）

問題2　資料3について，二つのグラフから分かる目的別の利用メディアの割合のちがいについて書きなさい。

さらに，メディアに興味をもった二人は，インターネットについて調べ，**資料4**，**資料5**を見つけました。

資料4　熊本県統合型防災情報システムの画面

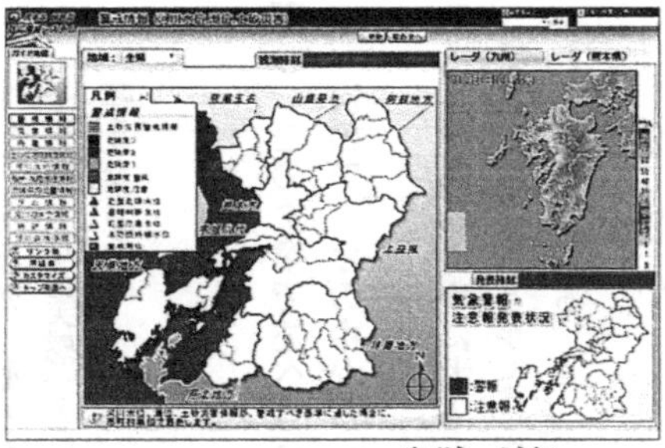

※県内の気象情報（注意報・警報《けいほう》，降水《こうすい》予測等），雨量情報，土砂《どしゃ》災害危険《きけん》度情報，河川《かせん》水位情報，河川カメラ情報等を，パソコンやスマートフォン等で確認《かくにん》することができます。

資料5　年代別のインターネット利用の割合（2017年）

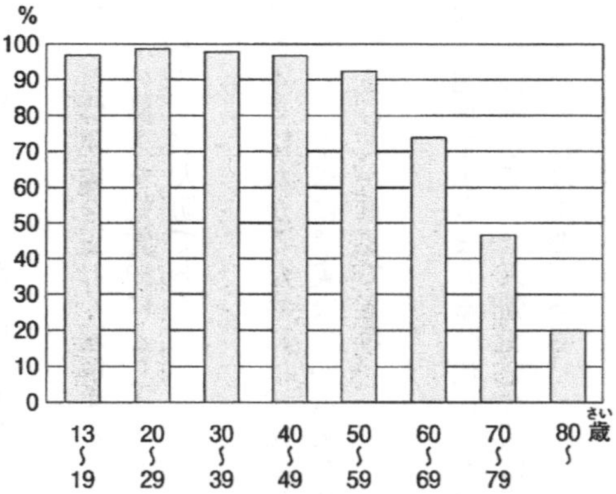

（総務省「通信利用動向調査」より作成）

問題3　資料4について，熊本県統合型防災情報システムは，熊本県がインターネットを活用して防災情報を提供《ていきょう》する取り組みの一つです。この取り組みには，情報を受け取る側にとってどのようなよい点があると考えられるか，インターネットの特徴《とくちょう》をふまえて書きなさい。

また，防災情報を提供する取り組みをよりよいものにするためには，情報を発信する側としてどのような点をくふうしたらよいと考えられるか，資料5から読み取れることをふまえて書きなさい。

問題は，５ページの 3 に続く

2 あきさんとけんさんは，山鹿市《やまがし》と菊池市《きくちし》にまたがる鞠智城《きくちじょう》のパンフレットを見ながら話をしています。次の会話文を読んで，各問いに答えなさい。

鞠智城の八角形鼓楼《ころう》

(鞠智城パンフレットより)

> あき「鞠智城は，今から約1300年前に大和朝廷《やまとちょうてい》が築いた山城だと書かれているよ。八角形のめずらしい建物もあるんだね。」
> けん「朝鮮《ちょうせん》半島で似た建物跡《あと》が見つかっているそうだよ。このころから大陸とのつながりがあったみたいだね。」
> あき「わたしが夏休みに行った福岡市《ふくおかし》の鴻臚館《こうろかん》跡も，奈良《なら》時代から平安時代の大陸とのつながりが分かるところだったよ。鴻臚館では，中国や朝鮮からの使者をもてなしていたそうだよ。」
> けん「このころの日本と大陸とのつながりについて調べてみよう。」

二人は，このころの日本と大陸とのつながりについて調べ，年表にまとめました。

日本と大陸とのつながりについてまとめた年表

時代	日本の主なできごと	大陸とのつながり
飛鳥《あすか》	聖徳太子《しょうとくたいし》が摂政《せっしょう》となる	①遣隋使《けんずいし》を送る 第１回の遣唐使《けんとうし》を送る
奈良	②平城京《へいじょうきょう》に都を定める ③聖武天皇《しょうむてんのう》が位につく 国分寺を建てる命令が出る 大仏をつくる命令が出る 唐招提寺《とうしょうだいじ》が建てられる	鑑真《がんじん》が来日する
平安	平安京に都を定める	遣唐使を停止する

資料１　平城京跡から見つかった木簡とそれに書かれた文字

肥《ひ》後国《ごのくに》益城《ましき》郡《ぐん》調《ちょう》綿

(奈良文化財研究所資料による)

問題１

(１) 下線部①について，聖徳太子が，遣隋使として送った人物名を書きなさい。また，遣隋使を送った目的を書きなさい。

(２) 下線部②について，平城京跡からは，たくさんの木簡《もっかん》が見つかっています。資料１は，実際に平城京跡から見つかった木簡とそれに書かれた文字です。資料１から分かることを，資料２をふまえて書きなさい。

資料２　奈良時代の人々《ひとびと》の主な負担《ふたん》

租《そ》	収穫《しゅうかく》高の約３％の稲《いね》を納《おさ》める。
調	各地の特産物を納める。
庸《よう》	都で10日働くかまたは布を納める。

(３) 下線部③について，聖武天皇が位についたころ，都では病気が広がり，地方でも災害や争いが起こりました。そこで，聖武天皇は，どのようにして国を治めようとしたか，年表から分かることをふまえて書きなさい。

3 次の会話文を読んで、あとの問いに答えなさい。

けん「今のわたしたちは、さまざまなメディアから情報を得ているんだね。」
あき「確かにそうだね。それに、それぞれのメディアを目的に合わせて利用しているんだね。だけど、情報がたくさんあるからこそ、情報を発信する側や受け取る側に立ったとき気をつけなければいけないことが出てくると思うよ。」
けん「それなら、自分たちが情報を受け取る側として、どんなことに気をつけたらいいか考えてみようよ。」

問題 あなたは、情報を受け取る側として、どんなことに気をつけたいと思いますか。あなたの考えを書きなさい。（あとの〈条件〉にしたがって書くこと。）

〈条件〉○気をつけたいと考えたことと、そう考えた理由について、経験や見聞きしたことをふまえて具体的に書くこと。
○百八十字以上、二百字以内で書くこと。
○解答用紙の◆の印から書き始め、段落は変えないこと。

令和２年度(2020年度)
熊本県立中学校入学者選抜

適性検査問題Ⅱ

【11：15 ～ 12：05】

注　意

1　「はじめ」の合図《あいず》があるまでは，適性検査問題Ⅱを開いてはいけません。

2　適性検査問題Ⅱは 1 ～ 3 で，６ページまであります。

3　解答用紙は３枚あり，適性検査問題Ⅱの中にはさんであります。取り出して使用しなさい。

4　解答用紙（その１）は，適性検査問題Ⅱの 1 の解答用紙，解答用紙（その２）は，適性検査問題Ⅱの 2 の解答用紙，解答用紙（その３）は，適性検査問題Ⅱの 3 の解答用紙です。

5　「はじめ」の合図があったら，まず，受検番号を適性検査問題Ⅱ及び解答用紙(その１)，(その２)，(その３)のそれぞれの受検番号らんに書きなさい。

6　答えは，すべて解答用紙（その１），（その２），（その３）に書きなさい。

7　「やめ」の合図があったら，すぐに筆記《ひっき》用具を置き，適性検査問題Ⅱの上に解答用紙（その１）を，その上に解答用紙（その２）を，その上に解答用紙（その３）を裏《うら》返しにして置きなさい。

8　適性検査問題Ⅱは，持ち帰ってもかまいません。

受検番号	

1 つよしさんとはるかさんは，家族で肥後科学館へ出かけました。まず，２人は科学館の近くの川に家族と科学館の係員の方といっしょに行きました。その川は，**図１**のように曲がっていました。

図１

問題１

（１）下の写真は，図１の川の上流から下流までの３つの地点の川のようすと，それぞれの地点の川原で多く見られる石や砂《すな》のようすを撮影《さつえい》したものです。これらの写真を上流から下流の順にそれぞれ並《なら》べかえ，記号で答えなさい。

【川のようす】

ア

イ

ウ

【川原で多く見られる石や砂のようす】（30cm ものさしを置いて撮影）

あ

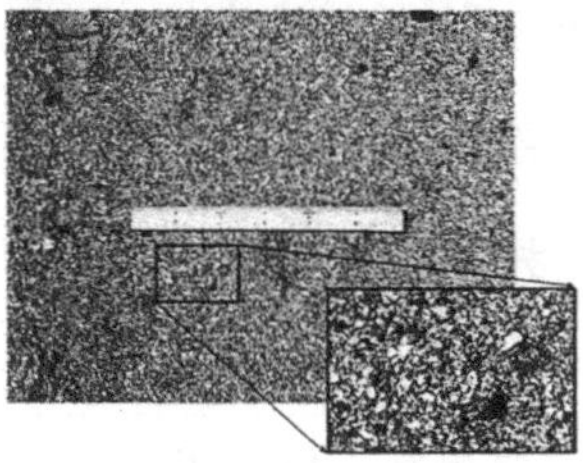

い

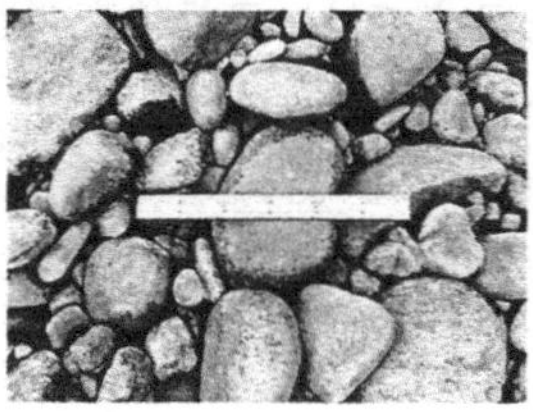

う

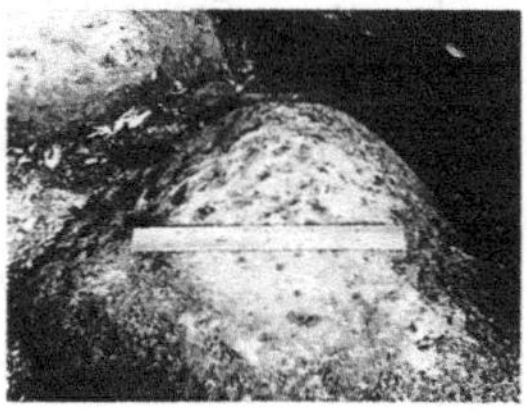

２人は，係員の方といっしょに，**図１**のⒶ，Ⓑ，Ⓒの３か所で**図２**のような水車を羽の印の部分まで水につけ，20秒間の回転数を調べました（**実験１**）。

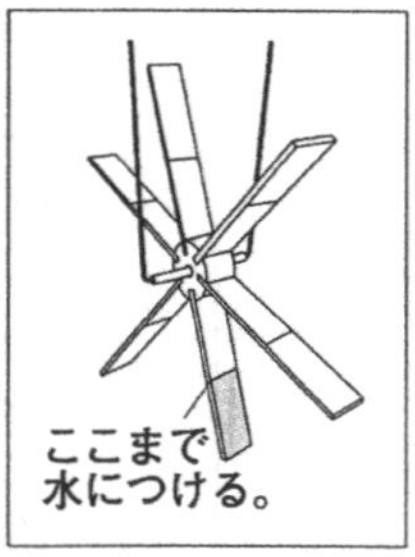

図２

表１　実験１の結果

	Ⓐ	Ⓑ	Ⓒ
水車の回転数	7回	16回	26回

（２）実験１は，川のどのようなことを調べるための実験か，実験の目的を説明しなさい。
また，同じことを図１と同じ場所で実験１とは別の方法で調べるとしたら，どのような方法で調べますか。その方法を説明しなさい。

（３）図１と表１をふまえて，図１のXとYを結んだところの川の断面はどのようになっていると考えられますか。最も適当なものを次のア～オから１つ選び，記号で答えなさい。また，選んだ理由を，「運ぱん」，「たい積」，「しん食」という言葉をすべて使って説明しなさい。

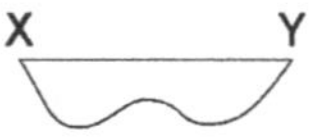

ア

イ

ウ

エ

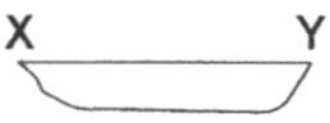

オ

次に２人は，科学館の中に移動し，家族といっしょに**図３**のような手作りランプを作ることにしました。係員の方が次のように説明をしてくれました。

エジソンは，電球の光る部分に日本の細い竹炭を使って長く光らせることに成功したと言われています。
今日は，竹炭と同じ材質でできているシャープペンシルのしんを使ってランプを作り，実験してみましょう（実験２）。

科学館の係員

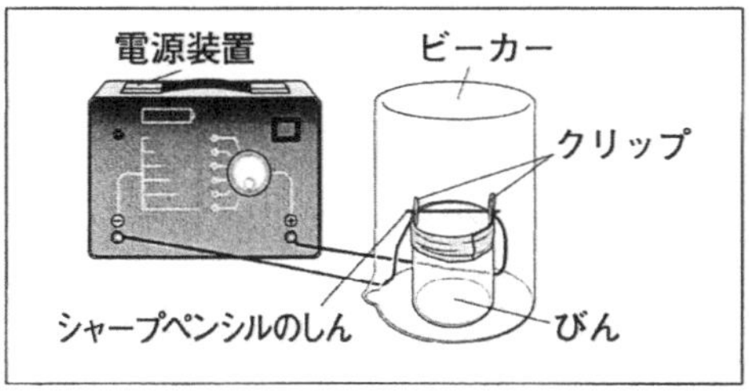

※電源装置は，決まった大きさの電流を流すことができる。例えば目もりを「３個」に合わせると，かん電池３個を直列つなぎにしたときの電流が流れる。

図３

実験２の方法
① **図３**のように，クリップにシャープペンシルのしん(HB)をはさみ，ビーカーをかぶせる。
② 電流を流す。
③ しんがオレンジ色に光り始めてから，細くなって切れるまでの時間を計る。

問題２

（１）図４は，図３の電源装置《でんげんそうち》の代わりにかん電池２個をつないだ回路図です。これをもとにして，かん電池４個をつないだ下のア～エの回路を作りました。
シャープペンシルのしんが光る回路の中で，「図４の回路よりしんが明るく光る回路」と「図４の回路としんの明るさが同じ回路」を下のア～エからそれぞれ１つずつ選び，記号で答えなさい。
ただし，かん電池はすべて新品で同じ種類のものとします。

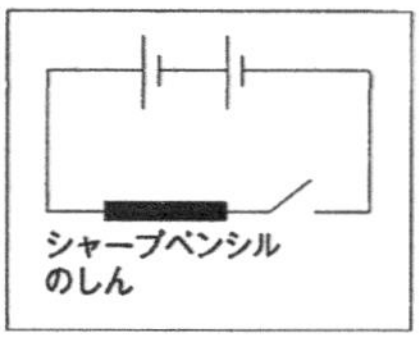

図４　かん電池２個をつないだ回路

ア　　イ　　ウ　　エ

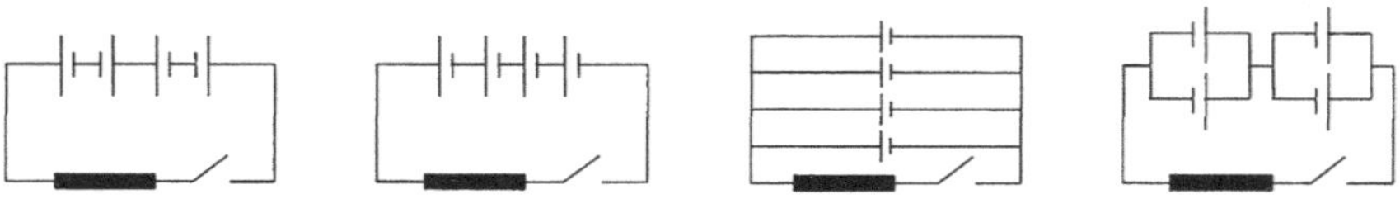

２人は，どのようにすればシャープペンシルのしんを長く光らせることができるかを，しんの太さや長さなどを変えて**図３**のように電源装置を使って調べてみることにしました。**表２**は，シャープペンシルのしんが，光り始めてから細くなって切れるまでの時間を計った結果です。

表２

しんの太さ	0.5mm		0.7mm		0.9mm	
しんの長さ	6 cm	3 cm	6 cm	3 cm	6 cm	3 cm
かん電池２個分	光らない	1分05秒	光らない	5分17秒	光らない	6分04秒
かん電池３個分	2分04秒	25秒	6分10秒	1分00秒	7分37秒	3分29秒
かん電池４個分	28秒	22秒	55秒	45秒	3分04秒	2分13秒

（２）表２をもとに，２人は手作りランプを長く光らせる条件を考えました。表２の結果から分かることとして正しいものを次のア～オから１つ選び，記号で答えなさい。また，選んだ理由を表２をもとに説明しなさい。

ア　長いしんは，かん電池の数が多くなるほど長く光る。
イ　短いしんは，かん電池の数が多くなるほど長く光る。
ウ　太いしんは，かん電池の数が多くなるほど長く光る。
エ　細いしんは，短い方が長く光る。
オ　短いしんは，太くなるほど長く光る。

2　つよしさんとはるかさんは，肥後科学館で，「名ドライバーを目指せ！」のコーナーに行き，**図１**のようなゴムカーを走らせることにしました。ゴムカーは，ゴムの本数やゴムのはばが変えられるようになっていました。

２人は，科学館の係員の方から下の表をもらいました。その表には，ゴムを引っ張る長さやゴムの本数を変えたときのゴムカーが走るきょりが記録されていました。しかし，２人がゴムカーを走らせているうちに，表の一部がやぶれてしまいました。

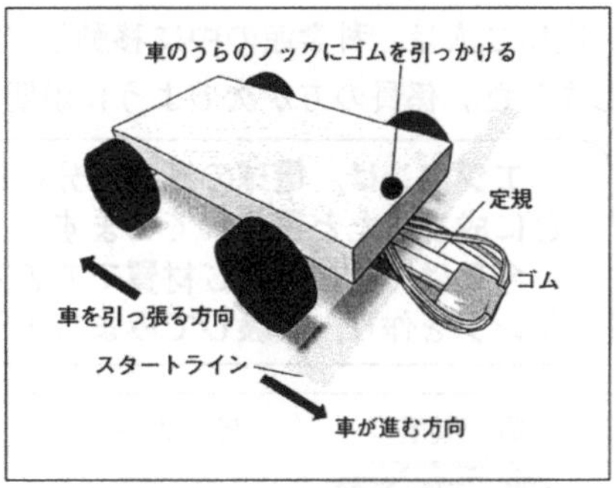

図１

【ゴムのはばが３mmの場合】

	条件A	条件B	条件C	条件D	条件E	条件F	条件G	条件H	条件I
ゴムの本数	１本	２本	３本	１本	２本	３本	１本	２本	３本
ゴムを引っ張る長さ	5 cm	5 cm	5 cm	10 cm	10 cm	10 cm	15 cm	15cm	15 cm
ゴムカーが走るきょり	1.6 m	2.7 m	3.8 m		6.9 m	9.7 m	7.0 m	11.5 m	16.0 m

【ゴムのはばが６mmの場合】

	条件J	条件K	条件L	条件M	条件N	条件O	条件P	条件Q	条件R
ゴムの本数	１本	２本	３本	１本	２本	３本	１本	２本	３本
ゴムを引っ張る長さ	5 cm	5 cm	5 cm	10 cm	10 cm	10 cm	15 cm	15 cm	15 cm
ゴムカーが走るきょり	2.2 m	3.3 m	4.4 m	7.7 m	10.5 m	13.3 m	13.6 m	18.1 m	

つよしさんがゴムカーを走らせると，ちょうどきょりが８mのところで止まりました。

つよし「やったあ。ぴったり８m。」
はるか「どんな条件でゴムカーを走らせたの。」
つよし「ぼくは，はば３mmのゴム３本を使ったよ。５cm引っ張ると3.8m，10cm引っ張ると9.7m走るから，ゴムカーを８m走らせるためには，ゴムを８cmくらい引っ張ればいいと予想したよ。」

問題１　**このゴムカーは，引っ張られたゴムが元にもどろうとする力を使って動きます。上の表から，ゴムカーをより遠くまで走らせるための３つの方法を答えなさい。**

問題２　**つよしさんの話を聞いたはるかさんは，ぴったり10m走らせることを目指すことにしました。ゴムカーの走るきょりが10mにより近くなると考えられる条件を次のア～カから２つ選び，記号で答えなさい。**

ア　はば３mmのゴムを１本使って14cm引っ張る。
イ　はば３mmのゴムを２本使って13cm引っ張る。
ウ　はば３mmのゴムを３本使って12cm引っ張る。
エ　はば６mmのゴムを１本使って12cm引っ張る。
オ　はば６mmのゴムを２本使って11cm引っ張る。
カ　はば６mmのゴムを３本使って９cm引っ張る。

適性検査問題Ⅰ解答用紙（その1）

※80点満点

受検番号

1

問題１

A	B

２点×２

問題２

記号	理由

２点

３点

受検番号	

適性検査問題Ⅰ解答用紙（その２）

2

問題１	（１）	人物名	２点
		目的	２点
	（２）		４点
	（３）		５点

適性検査問題Ⅰ解答用紙（その3）

受検番号

3

問題

20点

180

200

◆の印から書き始め、段落は変えないこと。

		説明	６点
問題２	（１）	図４の回路よりしんが明るく光る回路（　　　　　　）	２点×２
		図４の回路としんの明るさが同じ回路（　　　　　　）	
	（２）	記号（　　　　　）	３点
		理由	５点

理由

8点

（2）		半径２cm のとき	半径３cm のとき	半径４cm のとき	
	円の内側にできる正方形の面積	正方形アの面積	（　　　） cm^2	（　　　） cm^2	２点
	円の外側にできる正方形の面積	正方形イの面積	（　　　） cm^2	（　　　） cm^2	
（3）	かくことができる正方形は最大（　　　　　）個				６点
	求め方				

K 教英出版

受検番号	

適性検査問題Ⅱ解答用紙（その3）

3

問題１	（１）	式　　　　　　　　答え（　　　　　）円	２点
	（２）	記号（　　　　　）	
		理由	６点
問題２	記号（　　　　　）		２点
	理由		８点

【解答

受検番号	

適性検査問題Ⅱ解答用紙（その２）

2

問題１	３つの方法 （　　　　　　　　　　　　） （　　　　　　　　　　　　） （　　　　　　　　　　　　）	２点×３
問題２	記号（　　　　）　（　　　　）	２点×２

受検番号	

適性検査問題Ⅱ解答用紙（その1）

※80点満点

1

問題1	（1）	【川のようす】　（　　→　　→　　） 【川原で多く見られる石や砂のようす】 （　　→　　→　　）	2点×2
	（2）	実験の目的	3点
		別の方法	3点

【解答

		5点
問題３	よい点	６点
	くふうした方がよい点	６点

問題3

③

①

②

④

2点×4

問題4

◆の印から書き始め、段落は変えないこと。

◆

8点

問題5

5点

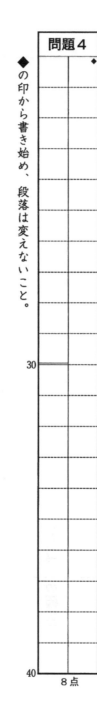

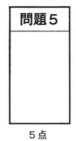

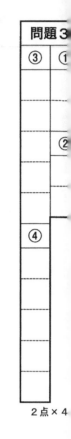

問題３　条件Ｄと条件Ｒのゴムカーが走るきょりは，それぞれどのくらいと考えられますか。最も適当な組み合わせを次のア～エから１つ選び，記号で答えなさい。また，選んだ理由を説明しなさい。

ア　条件Ｄ「4.1m」，条件Ｒ「19.6m」
イ　条件Ｄ「4.1m」，条件Ｒ「22.6m」
ウ　条件Ｄ「4.9m」，条件Ｒ「19.6m」
エ　条件Ｄ「4.9m」，条件Ｒ「22.6m」

3　次の各場面におけるそれぞれの問題に答えなさい。

問題１　たけしさんは，小学生の子ども会で水族館に行くことになりました。水族館の入館料は，小学生１人450円です。この水族館では，１人あたり100円安くなる前売券《まえうりけん》，15人以上で入館すると全員が30%びきになる団体割引券《わりびきけん》，10人分を1500円びきで買える10枚つづり券があります。子ども会には小学生が16人います。

（１）団体割引券だけで買う場合，小学生16人分の入館料はいくらですか，答えなさい。また，式も書きなさい。

（２）小学生16人分の券の買い方として，一番安くなるのはどの買い方か，下のア～ウから１つ選び，記号で答えなさい。また，その理由を言葉や式などを使って説明しなさい。

ア　前売券だけで買う。

イ　団体割引券だけで買う。

ウ　10枚つづり券と前売券を組み合わせて買う。

問題２　あやかさんとたけしさんは運動会にむけて右のような縦《たて》１m横３mの応援《おうえん》パネルを作ろうと考えました。そこで，応援パネルの色をぬるため，先生といっしょに学校の倉庫を探《さが》してみると，青色のペンキ１dLと黄色のペンキ$\frac{3}{2}$dLを見つけました。

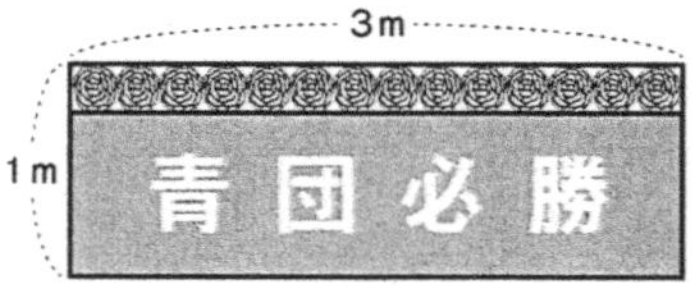

あやかさんは青団の応援パネルに花かざりをつけるため，上から$\frac{1}{5}$m分を空けて左からぬっていくと，見つけた青色のペンキ$\frac{1}{3}$dLで$\frac{4}{5}$m^{2}をぬることができました。残りのペンキで，右の図のように，矢印の方向に左から右へぬり進めていくと，青色のペンキ１dL全てを使ってパネルをぬり終えることができました。

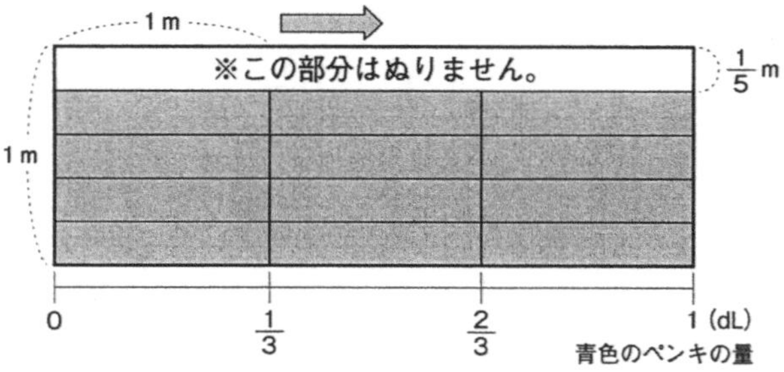

次に，たけしさんは青団の応援パネルと同じように，黄団の応援パネルの上から$\frac{1}{5}$m分を空けて黄色のペンキで左からぬっていくと，見つけた黄色のペンキ$\frac{2}{3}$dLで$\frac{4}{5}$m^{2}をぬることができました。

残った黄色のペンキ全てを使って，右の図のように，矢印の方向に左から右へ向かってぬり進めていくと，どこまでぬることができますか。右の図の縦線ア～クから１つ選び，記号で答えなさい。また，その理由を言葉や式を使って説明しなさい。ただし，右の図のそれぞれの縦線はパネルのぬる部分を等分している線とします。

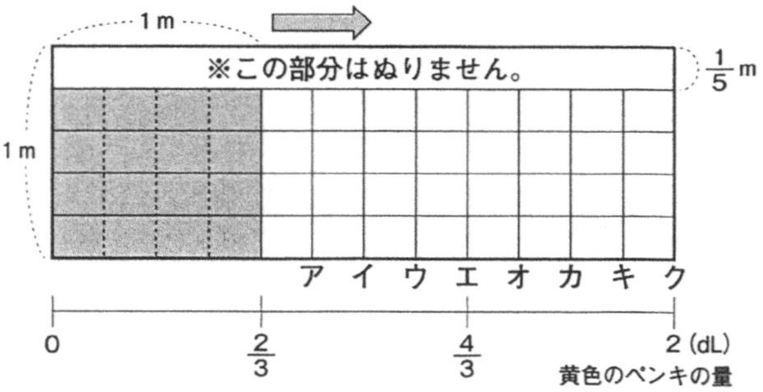

問題３　ゆうきさんは，図画工作の時間に，コップの下にしくコースターのデザインを考えることになりました。コースターは，１辺が10cmの正方形で，厚紙でできています。

まず，図１のように，コースターの対角線が交わる点を中心として半径２cmの円①をかきました。

次に,図２のように,円①の円周とコースターの対角線が交わる４つの点を結ぶと，円①の内側に正方形アができました。

さらに，図３のように，対角線上に頂点《ちょうてん》があり，円①がぴったり入る正方形イをかきました。

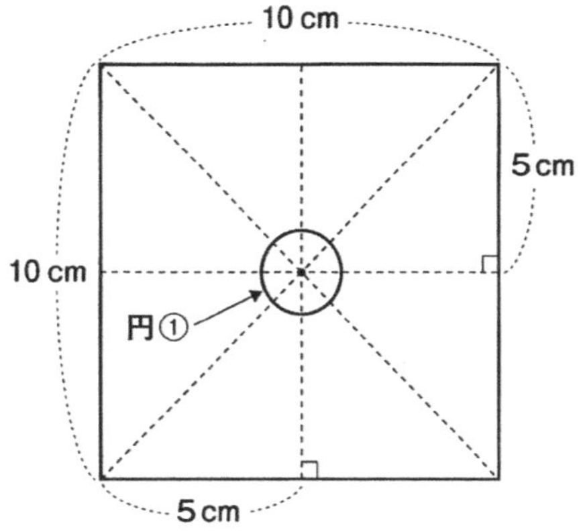

図１

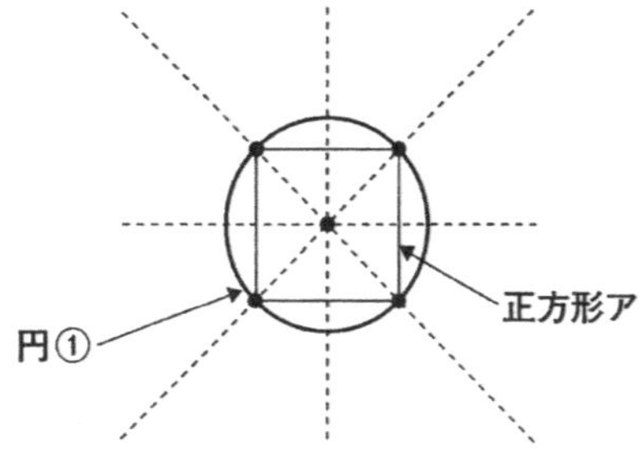

図２

（1）正方形アと正方形イの面積をそれぞれ求めなさい。

ゆうきさんは（1）の結果から，円の内側にできる正方形と外側にできる正方形の面積の関係にはきまりがあるのではないかと考え，円の半径を変えて調べてみました。

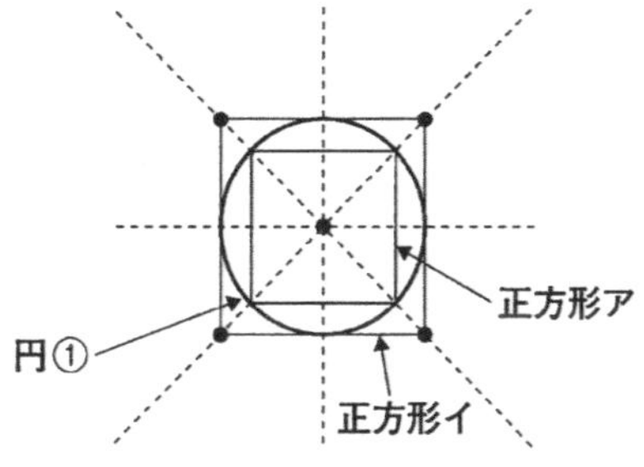

図３

（2）円の半径が３cmと４cmのときの，円の内側にできる正方形と円の外側にできる正方形の面積をそれぞれ求めなさい。

ゆうきさんは，図４のように，半径２cmの円①の外側にある正方形イがぴったり入る新しい円②をかきました。さらに，図３の方法と同じようにして，円②の外側に正方形をかきました。ゆうきさんは，この方法をくり返して外側に向かって正方形と円を増やしていくデザインを考えました。

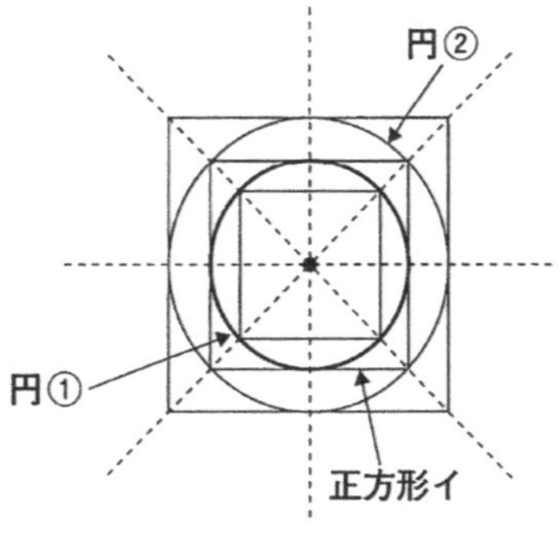

図４

（3）この方法でかき進めていくと，１辺10cmのコースターの中に，正方形は最大何個かけますか。また，言葉や図，式，表などを使って求め方もかきなさい。

ただし，コースターにかくときに使った線のはばは考えないものとします。